60 erlebnisreiche Wanderungen

Das große Kinder-
Wander-Erlebnis-
Buch Franken

J. BERG

23 Wanderung zum Totenstein

Inhalt

44 Zur Falknerei auf Burg Rabenstein

32 Von Ebermannstadt zum Schlüsselstein

33 Rund um das Walberla

13 Auf dem Naturlehrpfad »Langer Berg«

Aussichtsreich: Bergtouren und Höhenwanderungen   94

Ab in die Vergangenheit: Burgen und Ruinen   136

Berge von innen: Höhlen und Grotten 152

Am, auf und im Wasser und auch mal barfuß 170

14 Zum Wildpark Hundshaupten

Tourenüberblick

 = Weglänge in km · = Höhenunterschied in m · Gehzeit in Std.

Nr.	Tour	km	m	Std.	Alter	Kinderwagen	Einkehr	Spielplatz	Tiere	Aussicht	Schlechtwetter	Bademöglichkeit
1	Umweltstation Tierpark Sommerhausen	4/3	160	2/1.30	6	•	•	•				
2	Über Streuobstwiesen nach Burgbernheim	3	120	2	5		•					•
3	Arche-Noah-Garten in Dinkelsbühl	2,5	222 Stufen	3	5		•	•				
4	Erlebnispfad Hahnenkamm	4	80	1.30	5		•					
5	Naturerlebnis Kappelbuck	5	60	1-2	4		•					
6	Natur erleben am Altmühlsee	5,5/4,5		3.30/2.30	5	•	•		•			•
7	Spannende Überraschungen im Burgstallwald	2,5	70	2	3		•			•		•
8	Schloss Spielberg	1,5	20	0.30	4					•	•	
9	Durch das Kainachtal	13		2.15	6	•	•					
10	Von Zoggendorf zur Heroldsmühle	13	146	3.30	8		•					
11	Von Veilbronn zum Mathelbach	7	117	1.30	4				•			
12	Bei den Mühlen im Wiesenttal	12	140	3.15	8		•					
13	Auf dem Naturlehrpfad »Langer Berg«	6,5	200	2.30	6		•					
14	Zum Wildpark Hundshaupten	9	100	2.45	6		•		•			
15	Zwischen Hiltpoltstein und Großenohe	13	110	3.15	8	•	•					
16	Auf dem Kirschenweg bei Pretzfeld	10	160	2.30	12		•					
17	Rund um Hiltpoltstein	9	30	2.30	10		•					
18	Auf dem Edelweißweg	8	230	3	6		•			•		
19	Zu den Heilquellen nach Wildbad	6	220	2	5		•					
20	Von Hechlingen auf den Kappelbuck	3	110	1	4	•	•	•				•
21	Abenteuerwald am Brombachsee	1	25	2–3	6		•					•
22	Durch die Schwarzachklamm	6,5	70	3/2.30	5		•					
23	Wanderung zum Totenstein	11	110	2.45	10	•	•					
24	Vom Schnepfenstein zum Hummerstein	11	150	3.30	8		•			•		
25	Durch die Bärenschlucht	6	50	1.45	6	•	•					
26	Beiderseits des Trubachtales	9	90	2.15	6		•			•	•	
27	Von Obertrubach zum Signalstein	12	150	3.15	8		•					
28	Abenteuerpark Betzenstein	1	40	2–3	5							•
29	Auf dem Eibgrat	8	130	3.30/2.30	6		•			•		

Legende

 Weglänge in km
 Höhenunterschied in m
 Gehzeit in Std.

Alter
Kinderwagengeeignet
Einkehr
Spielplatz

Tiere
Aussicht
Schlechtwetter
Bademöglichkeit

Tour			🥾 km	⛰	🕐	🌿								
30	●	Auf den Kreuzberg	8,5/8	400	3.30/3	8		●	●			●		
31	●	Auf den Staffelberg	8	130	3	6		●				●		
32	●	Von Ebermannstadt zum Schlüsselstein	10	200	3	8		●				●		●
33	●	Rund um das Walberla	7	250	2.30	6		●				●		
34	●	Von Pegnitz zum Kleinen Kulm	13	200	3.30	8		●				●		●
35	●	Von Pottenstein nach Elberberg	11	200	3	6		●				●		
36	●	Das Felsendorf Tüchersfeld	3	30	1.30/1	6		●				●		
37	●	Auf den Nußhardt und den Schneeberg	8–11,5	200–270	3–4	8		●	●			●		●
38	●	Felsenlabyrinth Luisenburg und Kösseine	3–9,5	100–400	2.30–4.30	3/8		●				●		
39	●	Auf den Hesselberg	10/9	260/200	3.30/2.30	6		●				●		
40	●	Auf den Höhen des Hahnenkamms	3	60	0.45	3		●				●		
41	●	Die Welt in Stein bei Solnhofen	7/6	120	1.30	6		●				●	●	
42	●	Zum Schloss Greifenstein	8	130	2.30	8		●				●		●
43	●	Von Waischenfeld zur Burg Rabeneck	11	60	3.15	8		●				●		●
44	●	Zur Falknerei auf Burg Rabenstein	11,5	30	3	6		●			●	●		
45	●	Zur Burgruine Leienfels	14	160	4	10		●				●		
46	●	Zum Schlossberg	10,5	210	3	6		●	●			●		
47	●	Von Betzenstein zur Ruine Stierberg	10	85	2.30	6		●				●		
48	●	Zwischen Binghöhle und Guckhüll	7	180	2.30	6	●	●	●			●	●	
49	●	Wanderung zur Riesenburg	14,5	210	4.30	12		●				●		
50	●	Zum Schwingbogen (Wiesenttal)	8,6	180	2.45	8		●						
51	●	Die Teufelshöhle	4	30	1 + 0.45	5		●						●
52	●	Maximiliansgrotte und Steinerne Stadt	5	80	1.30	4		●						
53	●	Hirschbacher Höhlenweg	4	150	2	4		●						
54	●	Bootswandern auf der Wiesent	5		2	2		●						
55	●	Von Pottenstein nach Tüchersfeld	11	90	3.15	8		●			●	●	●	
56	●	Schatzsuche im Altmühlsee			1 + 1	4		●					●	
57	●	Belebende Waldrunde über dem Igelsbachsee	3,5/2,5	110/80	1.45/1	3		●						●
58	●	Barfuß am Brombachsee	4		2	4		●	●					●
59	●	Der Karlsgraben	2	30	1	3		●						●
60	●	Paddeln auf der Altmühl	17		4–5	4		●						●

Vorwort

Liebe Eltern,

mit 60 kurzweiligen und abwechslungsreichen Vorschlägen bietet dieses Buch Erlebnistouren für alle Altersstufen an. Wenn Sie gerne Höhlen, Schluchten und Grotten erkunden, auf Felsen ungefährliche Kletterpassagen erklimmen und imposante Aussichtspunkte erwandern wie auch die einheimische Tierwelt erleben wollen, sich auf Fossiliensuche begeben und in Badeseen eine Abkühlung suchen, dann sind Sie in Franken genau richtig.

Tipps für spannende Spielplätze, einladende Badestellen, zur Einkehr oder idyllischen Picknickplätzen runden das Freizeitangebot ab.

Mit den ersten Schritten, die Ihr Kind selbst geht, sind kurze und spannende Wegstrecken gefragt. Später können die Touren dann schon etwas umfangreicher werden, doch der Weg sollte immer interessant und für die Kinder einladend bleiben. Genau darum haben wir Ihnen eine breite Palette an unterschiedlichsten Touren zusammengestellt: angefangen von den aussichtsreichen Gipfeln des Fichtelgebirges mit seinen exponierten Felsaufbauten über die ursprüngliche Rhön und das liebliche Maintal in die Fränkische und Hersbrucker Schweiz mit ihren vielen bizarren Felsformationen, Höhlen und Schluchten. Das Fränkische Seenland lädt mit der Vogelinsel am Altmühlsee und dem Barfußpfad am Brombachsee auf Entdeckungsreise ein. Die südliche Frankenalb mit dem Hesselberg, Hahnenkamm und Altmühltal bietet eine wunderschöne Trockenrasenvegetation mit kleinen Pfaden, die darauf warten, erkundet zu werden. Jede Tour verspricht ein neues Abenteuer für Ihre Kinder und ist deshalb mehr als »nur« eine Wanderung.

Um eine umweltfreundliche Anreise zu ermöglichen, sind fast alle Touren mit Bahn und Bus erreichbar, einige jedoch nur an Werk- bzw. Schultagen. So bleibt auf der Fahrt Zeit, mit den Kindern zu lesen und zu spielen.

Dieser schöne Felsen steht in Bärnfels und lädt zum Besteigen ein.

Bevor Sie starten: Wissenswertes vorweg

Kurzweilige Wege sind das Ziel

Kinder sollen nicht laufen müssen, weil es die Eltern so wollen, sondern weil es unterwegs viel zu erleben gibt. Sie wollen Höhlen und Schluchten erkunden, auf Felsen herumklettern, auf Baumstämmen balancieren, Tiere beobachten, im Bach plantschen, Blumen suchen und nach der Tour ins kühle Wasser springen. Mit einer Vorgeschichte oder Spielen in der Natur für unterwegs kann das Abenteuer beginnen.

Die Touren sollen sich ganz nach den Bedürfnissen der Kinder richten. Beim Wandern die Natur zu erleben und für die Kinder greifbar zu machen, ist eines der Ziele. Denn Wandern ist nicht nur eine schöne Freizeitbeschäftigung, in der wir etwas für unsere Gesundheit und unser Wohlbefinden tun, sondern wir lernen die Natur kennen und schätzen. Und nur was wir kennen und schätzen, schützen wir auch. Somit könnte man das Wandern auch als gelebten Umweltschutz verstehen.

Kurzweilige Wege sind das Ziel. Und wenn dann noch eine attraktive Einkehr als Belohnung für den Aufstieg wartet, wird der Tag bestimmt zu einem gelungenen Familienausflug.

Sicher sind Ihnen Sätze wie »Ich kann nicht mehr!«, »Wie lange dauert es noch!« oder »Meine Füße tun mir weh!« gut bekannt. Mit etwas Fantasie und einer Handvoll Spielideen können Sie

Kartenlegende

→	Wandertour mit Laufrichtung	⊕	Hafen	⊜	Jausenstation	Ⓑ	Bootsverleih
– – –	Tourenvariante	⊟	Autofähre	⊝	Schutzhütte, Berggasthof (Sommer/Winter)	Ⓦ	Wildpark
A E	Ausgangs-/ Endpunkt der Tour	⊟	Personenfähre			Ⓜ	Minigolf
		⊕	Flugplatz	⊝	Schutzhütte, Berggasthof (Sommer)	⊗	Bergwerk
	Bahnlinie mit Bahnhof	♁ ♃	Kirche/Kloster			Ⓝ	Höhle
Ⓢ	S-Bahn	♜ ♖	Burg/Schloss/Ruine	↑	Unterstand	⊙	Sehenswürdigkeit
)======(	Tunnel	†	Wegkreuz	Ⓖ	Grillplatz	⅋	Ausgrabung
	Seilbahn, Gondelbahn	⚊	Denkmal	⚠	Jugendherberge	Ⓚ	Kinderspielplatz
Ⓗ	Bushaltestelle	⚊	Turm	Ⓐ	Campingplatz	Ⓣ	Trimmpfad
		✖✧	Windmühle, Mühle	ⓘ	Information	❋	schöne Aussicht
Ⓟ	Parkmöglichkeit	**NSG**	Naturschutzgebiet	Ⓜ	Museum	⚘	Aussichtsturm
		○	Hotel, Gasthof, Restaurant	Ⓢ	Bademöglichkeit	⎸	Wasserfall

Ihre Kinder motivieren weiterzugehen. Aber auch barfuß unterwegs zu sein, ist für die meisten Kinder eine super Sache. Auf Waldboden mit weichem Untergrund barfuß entlangzulaufen, ist ein tolles, befreiendes Gefühl sowohl für die Füße als auch für die Seele. Gibt es gleich daneben noch einen Bach, dann ist es herrlich, die Füße darin zu kühlen.

Gehzeiten

Die Gehzeiten sind für Erwachsene veranschlagt, so wie sie auch auf den Wegtafeln oder Empfehlungen zu finden sind. Planen Sie daher für die Wanderungen mit Ihren Kindern eine entsprechend längere Gehzeit ein, je nach Bedürfnislage mit Pausen, Spielen und dem eigenen Gehtempo, mindestens jedoch um die Hälfte mehr.

Altersangaben

Die Altersangaben verstehen sich als Empfehlung. Entscheidend ist die Motivation und Kondition der Kinder. Babys und Kleinkinder, die noch getragen werden, können natürlich auf jeder Tour mitgenommen werden. Die zwei- und dreijährigen Kinder interessiert in erster Linie, was unter dem nächsten Stein liegt und sich hinter dem nächsten Baum verbirgt. Sie heben jeden Stock vom Boden auf und möchten meist in eine andere Richtung gehen als ihre Eltern. Für Wanderungen mit Kindern in diesem Alter bedarf es eines langen Atems mit viel Liebe und Humor. Ab dem vierten Lebensjahr geht es dann schon zielgerichteter voran. Da steigt die Motivation für eine Wanderung mit dem Wissen, dass es dort eine Einkehr mit Spielplatz oder eine Höhle zu entdecken gibt. Doch wichtig ist unterwegs Spielpausen einzuplanen, die die Gehzeit in der Regel verdoppeln. Ab dem 6. Lebensjahr geht es dann schon richtig gut voran. Die Kinder hüpfen oft vorneweg und es macht ihnen Spaß, beispielsweise die nächsten Wegmarkierungen zu finden. Ab dem 8. Lebensjahr können die Kinder das Tempo der Erwachsenen locker mithalten und selbst längere Touren sind kein Problem. Doch für alle Kindertouren gilt, dass die Beschaffenheit des Weges interessant und einladend sein muss: Kleine Pfade, Wiesenwege, Wurzel- und Felsenwege sind gefragt. Leider werden auf einigen Abschnitten der Touren diese schönen Wanderpfade durch befestigte Forststraßen durchschnitten. Für solche Durststrecken bietet sich das »Fuchs-und-Hase«-Spiel an.

Naturforscher unterwegs

Schafherde im Trubachtal bei Mostviel

Ausrüstung und Proviant

Für alle Touren sollten Sie und Ihre Kinder richtig ausgerüstet sein. Dazu gehören Wanderschuhe mit einer guten Profilsohle, ein Rucksack sowie regenfeste und atmungsaktive Kleidung. Für die Kinder hat sich der sogenannte Zwiebellook bewährt, also mehrere Schichten übereinander anzuziehen, vom T-Shirt und Pullover bis zur Jacke. Besonders wichtig ist der Sonnenschutz. Hierzu empfehlen wir eine Sonnenkappe, Sonnencreme mit hohem Lichtschutzfaktor und eine Sonnenbrille. Eine Brotzeit-box und eine Trinkflasche gehören ebenfalls in den Rucksack. Für eine Tagestour ist mindestens ein Liter Flüssigkeit pro Person nötig. Bewährt haben sich Saftschorlen oder Tee. Trauben-zucker, getrocknete Früchte oder Nüsse spenden schnell Energie. Für große und kleine Forscher gehören unbedingt noch ein Ta-schenmesser, eine Becherlupe und ein Bestimmungsbuch sowie ein Fernglas und eine Taschenlampe in den Rucksack. Ein Erste-Hilfe-Päckchen mit Arnika- und Apis-Globuli (bei Verletzungen oder Insektenstichen), Rescue-Tropfen (Bachblüten-Notfalltrop-fen) und eine Rescue-Salbe für Prellungen sollte ebenfalls nicht fehlen.

Die Anreise

Wir empfehlen Ihnen die umweltfreundliche Anreise mit der Bahn. Auf manchen Touren geht es dann vom Bahnhof mit dem Anschlussbus weiter. Für Familien bietet der Nürnberger Ver-kehrsverbund (NVG) ein günstiges Tagesticket an. Außerhalb des Verbundes ist das Bayernticket an Wochenenden uneinge-schränkt und an Werktagen ab 9 Uhr gültig.

Der Gasthof Stempfermühle liegt
mit seiner schönen Terrasse direkt
an der Wiesent.

Natur und Kultur erleben:

Natur- und Kulturerlebnispfade sowie Tierparks

1 Umweltstation Tierpark Sommerhausen

Begegnung mit Menschen und Tieren

Hoch über dem Maintal in einem wunderschönen Föhrenwald liegt der Tierpark Sommerhausen. Er bietet alten und selten gewordenen Haus- und Nutztierrassen einen Ort, an dem sie sich sichtlich wohlfühlen.

leicht   Bahn: 4 km   160 m   Bahn: 2 Std.
      Auto/Bus: 3 km   Auto: 1.30 Std.

Alter
Ab 6 Jahren

Tourencharakter
Durch Gassen im Ort und wunderschöne Weinbergwege in den Wald; danach Wanderweg zum Tierpark; zurück über Waldweg, Pfad und Stiege

Wegstrecke
Bahn: 4 km, Auto/Bus: 3 km

Ausgangs-/Endpunkt
Bus: Haltestelle Sommerhausen Abzweigung Erlach. Bahn: Bahnhof Winterhausen. Auto: Parkplatz 1 in Sommerhausen

Anfahrt
Bahn/Bus: Bis Bahnhof Winterhausen. Alternativ bis Bahnhof Würzburg und weiter mit Bus 8066 nach Sommerhausen. Auto: A 3 bis Ausfahrt Würzburg Randersacker; auf der B 13 Richtung Ochsenfurt bis Parkplatz 1 in Sommerhausen

GPS-Koordinaten
49.708452, 10.012200

Karte
Fritsch Wanderkarte 1:50 000, Landkreis Würzburg Nr. 83

Einkehr
Café im Tierpark, Tel. 09333/1076, www.tierparksommerhausen.de

Information
Tourist-Info Sommerhausen, Tel. 09333/82 56, www.sommerhausen.de

Der Tierpark Sommerhausen ist ein attraktives Ausflugsziel für Familien. Hier werden abwechslungsreiche Attraktivitäten wie gleich am Eingang der Naturerlebnisspielplatz, auf dem sich Ihre Kinder stundenlang beschäftigen können, geboten. Mit Eseln unterwegs sein, Kutsche fahren, Lamatrekking wie in den Anden, das sind nur einige Beispiele aus dem umfangreichen Programm der Umweltstation vor Ort. Das Gelände des Tierparks befindet sich zum Großteil in einem von Licht durchfluteten Föhrenwald. Die Baumkronen ragen schier unendlich weit in den Himmel. Die Haus- und Nutztiere sind in großzügigen Gehegen untergebracht. Hier kann man spüren, wie wohl sich die Tiere in der artgerechten Haltung fühlen. Zufrieden schlafende Wildschweine im Stroh, balgende Ziegen auf Klettergerüs-

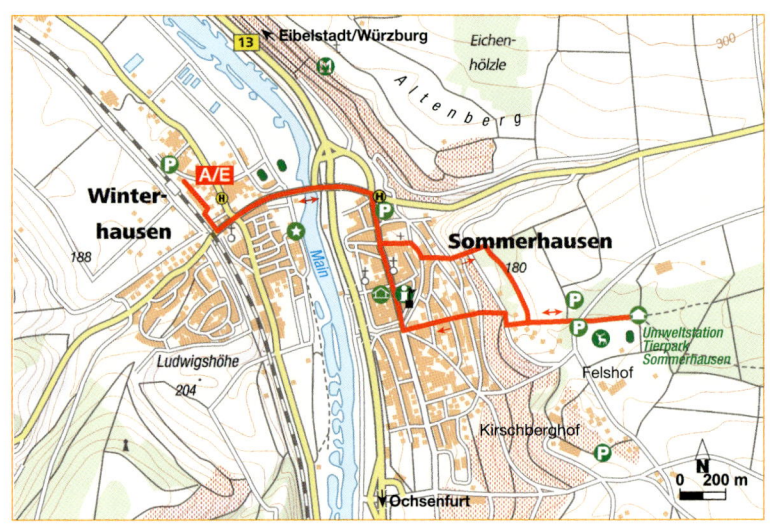

ten, ausgeglichene Pferde und Esel auf großflächigen Koppeln, glückliche Hühner auf den Wegen und in schönen Ställen, um nur einige zu nennen. Doch nicht nur die Tiere verleihen diesem Ort eine besondere Aura, es sind vor allem die Menschen, die sich dort um die Tiere und um die Gäste kümmern. Bereits am Eingang wird man als Besucher sehr herzlich empfangen. Im Café, das leckere, selbst gebackene Kuchen sowie Gerichte aus regionaler Küche anbietet, werden wir ebenfalls mit einer bezaubernden Herzlichkeit bedient. Der Tierpark Sommerhausen bietet etwa 30 Menschen mit Behinderung einen würdevollen Arbeitsplatz. So wird er zu einem Ort der Begegnung, an dem sich Menschen mit und ohne Behinderung ebenbürtig mit Respekt gegenüberstehen.

Bahnfahrer verlassen den Bahnsteig und gehen die Straße hinunter zur Mainbrücke, die nach Sommerhausen führt. Dort biegen wir rechts in die Janstraße ein, die uns in den Ort bringt, wo sich auch die *Bus- und Autofahrer* befinden. Wir gehen weiter in den Ort bis zum Katharinenbrunnen, den wir nach etwa 200 Metern erreichen. Die Katharinengasse führt uns links hinauf zur Gasse Am Berghof. Hier finden wir zwischen den Häusern Nr. 5 und Nr. 9 ein kleines Gässchen,

»Ziegenkinder sind einfach süß!«

Tipp

Nach der Tour sollten Sie unbedingt durch die Gassen in Sommerhausen schlendern und sich von der Verspieltheit des wunderschönen Ortes verzaubern lassen. Sehr lohnenswert ist es, eines der vielen Weinlokale aufzusuchen und den dort selbst gekelterten und hervorragenden fränkischen Wein zu genießen.

das uns durch das Tor des Flurer Turms bringt. Wir folgen weiter bergauf über Steinstufen einem interessanten kleinen Pfad durch den Weinberg bis zu einer Aussichtsplattform mit einer riesigen Schnecke aus Stein. An dieser Stelle ignorieren wir alle Wegweiser und gehen ohne Markierung geradeaus weiter auf einen Wiesenweg, der uns nach etwa 50 Metern rechts in den Wald führt. Vorbei an Streuobstwiesen gehen wir nun mit der Markierung des roten Punktes bis zur nächsten Wegkreuzung. Hier stoßen wir auf die Vernou-sur-Brenne-Steige. Ab jetzt folgen wir links der Markierung mit der roten Raute in den Wald und erreichen nach etwa 300 Metern den Tierpark.

Für den Rückweg nach Sommerhausen folgen wir der Markierung mit der roten Raute erst auf dem gleichen Weg, den wir gekommen sind. An der ersten Kreuzung gehen wir geradeaus weiter bergab auf einem wunderschönen Pfad, der Vernou-sur-Brenne-Steige. Am Weinberg führt uns der Weg ein kurzes Stück nach rechts, bis er durch den Weinberg auf einem Pfad hinunter nach Sommerhausen geht. Dort gehen wir einige Stufen durch ein Wohngebiet hinunter, über die Gräfin-Hildegard-Straße bis zum Ochsenfurther Tor. Wir nehmen den Weg zu unserem Ausgangsort und gehen durch den malerischen Ort Sommerhausen.

2 Über Streuobstwiesen nach Burgbernheim

Zum Heckenlabyrinth

leicht | 3 km | 120 m | 2 Std.

Alter
Ab 5 Jahren

Tourencharakter
Wiesenpfade über Streuobstwiesen zum Heckenlabyrinth
nach Burgbernheim

Ausgangs-/Endpunkt
Bahnhof Burgbernheim-Wildbad

Anfahrt
Bahn: Bis Bahnhof Burgbernheim-Wildbad. Auto: B 13
nach Burgbernheim; Parkplatz
am Bahnhof Burgbernheim-
Wildbad

GPS-Koordinaten
49.443304, 10.312361

Karte
Landesamt für Vermessung und
Geoinformation 1:50 000,
Naturpark Frankenhöhe

Einkehr
Cafés und Gaststätten in
Burgbernheim

Information
Tourist-Info Burgbernheim,
Tel. 09843/309-34,
www.burgbernheim.de

Der wunderschön angelegte Natur- und Erlebnispfad im Gründlein führt uns über Streuobstwiesen, vorbei an Froschweihern zu einem Heckenlabyrinth. Ein Barfußpfad bringt uns hinauf zum Rundumblick am Schauberg.

Der Naturpark Frankenhöhe gehört zu den sonnenreichsten Regionen Deutschlands. Sein Landschaftsbild ist von Magerrasenflächen und wunderschönen Mischwäldern mit alten

Ein Sonnengruß aus
Burgbernheim

Baumbeständen sowie von sanften Hügeln und Streuobstwiesen geprägt. In Burgbernheim stehen 30 000 Obstbäume. Das heißt, dass es zehnmal so viele Obstbäume wie Einwohner gibt. Durch die idyllischen Streuobstwiesen führt uns ein Erlebnispfad vorbei an Weihern mit unzählig vielen Kaulquappen im Frühjahr und quakenden Fröschen im Sommer. Als besondere Attraktion gibt es ein Labyrinth aus Buchenhecken mit einer kleinen Aussichtsplattform in seiner Mitte. Doch nur ein einziger Weg führt dorthin.

Unsere Wanderung führt uns über den Natur- und Erlebnispfad im Gründlein nach Burgbernheim und beginnt gleich nach der Bahnunterführung auf der Ostseite. Wir folgen einige Meter dem Weg »Nr. 2« des Nordic-Walking-Parcours und biegen bei der ersten Gelegenheit rechts in den Wiesenweg ein, der uns zur ersten Station des Lebensraums Obstgarten führt. Vorbei an einem Feuchtbiotop mit Tümpeln kommen wir zu einem Weidentipi mit einem originellen Krokodil, das uns zu einer Pause einlädt. Doch es lohnt sich weiterzugehen, denn nach einigen Metern sehen wir schon das Heckenlabyrinth. Viele Wege enden im Nichts, doch einer führt zum Aussichtsturm in der Mitte des Labyrinths. Den sehr schön angelegten Kräutergarten mit einer Blütenuhr, einem Schmetterlingsgarten und einer Kräuterspirale sollten Sie unbedingt noch besuchen. Der weitere Rundweg verläuft vorbei am Weidentipi neben den Tümpeln und über die Blumenwiese bis zur Station des Lebensraums Gehölz. Wir gehen rechts den Trampelpfad hinauf und biegen vor der Hecke in den Wiesenweg ein, der uns dann links hinauf zum Rundumblick am Schauberg bringt. Wenn Sie noch Zeit haben, ist ein Besuch der Wehrkirche mit dem davorliegenden imposanten Tor noch sehr lohnenswert. Der Lehrweg führt Sie bis dorthin über weitere Stationen. Zurück können Sie einen der vielen Pfade des Natur- und Erlebnispfades zu unserem Ausgangspunkt wählen. Vom Einstieg an der Kirche haben Sie einen wunderschönen Blick über die Streuobstwiesen im Gründlein.

Tipp

An heißen Tagen sollten Sie nach der Tour das Freibad Burgbernheim besuchen, das sich einige Meter neben dem Kräutergarten befindet.

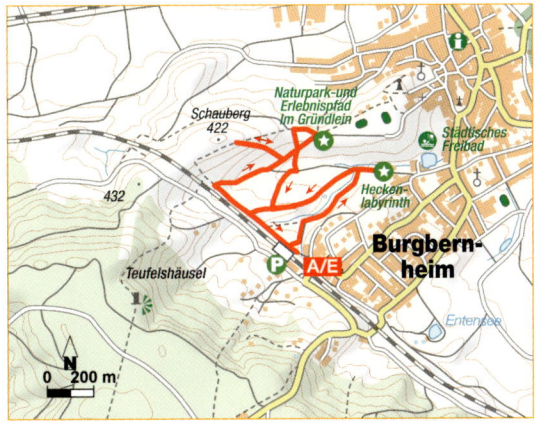

3 Arche-Noah-Garten in Dinkelsbühl

Natur und Kultur im romantischen Franken

leicht	2,5 km	222 Stufen	3 Std.

Alter
Ab 5 Jahren

Tourencharakter
Stadtrundgang durch Gassen, über Holzstege und durch Stadttore, vorbei an einem Kinderspielplatz; entlang der Stadtmauer durch den Stadtpark zum Arche-Noah-Garten der Sinne

Ausgangs-/Endpunkt
Bahn/Bus: Haltestelle ZOB Schwedenwiese. Auto: Parkplatz P 1 – Schwedenwiese

GPS-Koordinaten
49.068572, 10.325105

Anfahrt
Bahn/Bus: Bus 805 ab Bahnhof Ansbach oder Bus 813 ab Bahnhof Dombühl nach Dinkelsbühl-Schwedenwiese.
Auto: A 7 bis Ausfahrt Dinkelsbühl; weiter nach Dinkelsbühl; auf der Ortsumfahrung Parkplatz P 1 – Schwedenwiese

Karte
Kinderstadtplan Dinkelsbühl (bei der Tourist-Info Dinkelsbühl erhältlich)

Einkehr
Zahlreiche Gaststätten und Cafés in Dinkelsbühl

Information
Tourist-Info Dinkelsbühl, Tel. 09851/90 24 40, www.tourismus-dinkelsbuehl.de

Dinkelsbühl gilt als eine der schönsten mittelalterlichen Städte Deutschlands. Natur und Kultur liegen hier eng beieinander. Im romantischen Arche-Noah-Garten an der Stadtmauer kann man Natur sehen, hören, riechen und fühlen.

Das wunderschöne fränkische Städtchen Dinkelsbühl hat seinen Namen einem frommen Dinkelbauern namens Dingolf oder Dingolt zu verdanken, der einer Legende nach im 8. oder 9. Jahrhundert seinen Hof Karmelitermönchen überließ und so

zum Stadtgründer wurde. Während der regen Bautätigkeit des 15. und 16. Jahrhunderts entstanden zahlreiche stattliche Bürgerhäuser sowie der noch vollständig erhaltene Mauerring mit vier großen Toren und sechzehn Türmen. Ein jährlicher Höhepunkt in Dinkelsbühl ist die Kinderzeche. Hintergrund des historischen Spiels ist der Dreißigjährige Krieg. Im Jahre 1632 wurde die Stadt von schwedischen Truppen belagert und der katholische Stadtrat von den protestantischen Eroberern im Namen Gustav Adolfs abgesetzt. Der Überlieferung nach war es das beherzte Auftreten der Türmerstochter Lore gegenüber dem Schwedenobristen Klaus Dietrich von Sperreuth, das die Stadt Dinkelsbühl rettete. Die Kinderzeche stellt ihn als rauen Haudegen dar. Sein persönliches Schicksal, nämlich der Tod sei-

Tipp

Theaterfans empfehlen wir die Sommerfestspiele des Landestheaters in Dinkelsbühl. Pippi Langstrumpf, Michel aus Lönneberga, das Sams und Mogli aus dem Dschungelbuch waren schon zu Gast auf der Freilichtbühne. Infos zu aktuellen Kinderstücken unter Tel. 09851/90 26 00 oder www.dinkelsbuehl.de.

nes kleinen Jungen wenige Wochen vor der Belagerung Dinkels-
bühls, bewirkt in ihm eine rührende Wendung. Als ihm Lore mit
der Kinderschar singend und flehend entgegen-
zieht, verschont er die Stadt vor Plünderung und
Brandschatzung. Zum Dank an ihre Kinder feiert
die Stadt Dinkelsbühl jedes Jahr an zwei Juli-
wochenenden die Kinderzeche mit einem Fest-
spiel und großem historischem Umzug.

Vom Parkplatz P 1 – Schwedenwiese beziehungsweise vom Zentralen Omnibusbahnhof (ZOB)
überqueren wir auf einem Steg die Wörnitz und
kommen an einer Wiese mit einer Holzspirale
vorbei, in die wir hineinlaufen können. Hinter
der Wiese erreichen wir die Altstadt durch
einen Torbogen und befinden uns in der Wethgasse. Wir biegen rechts in die Nördlinger
Straße ein und gehen vorbei an der Evangelischen St.-Paulus-Kirche, weiter über den
Ledermarkt und Marktplatz zum Münster
St. Georg. Unser Weg führt uns nun den

Tipp

An heißen Tagen empfehlen wir Was-
serratten das nostalgische Freibad an
der Wörnitz, eines der letzten Fluss-
bäder in Bayern, das direkt vor der
Dinkelsbühler Altstadt liegt. Auf einer
großen Liegewiese gibt es viele Spiel-
möglichkeiten, zudem kann die Wörnitz per Tretboot erkundet werden.
Bei Badewetter ist das Strandbad von
10–19 Uhr geöffnet. Auskunft unter
Tel. 09851/94 88.

Weinmarkt hinauf, bis wir rechts in die Spitalgasse einbiegen. Dort verlassen wir nach ein paar Metern die Altstadt und gehen durch ein Tor zu einem großzügig angelegten und abwechslungsreichen Spielplatz, der viel Platz zum Herumtoben bietet. Am nördlichen Ende der großen Spielwiese befindet sich das Gasthaus Zur Schleuse im Bleichgarten mit schöner Sitzgelegenheit im Freien. Ein kleiner Fußweg führt uns weiter hinauf zum Rothenburger Tor. Wir gehen entlang der Stadtmauer und des Rothenburger Weihers zum Faulturm, an dem Rapunzel sein Haar herunterhängen lässt. Über einige Stufen kommen wir zum Hippenweiher, an dem wir zahlreiche Enten beobachten können. Unser Weg führt uns weiter durch den Stadtpark. Wir erreichen über Stufen einen kleinen Pfad, der immer auf Höhe der Stadtmauer verläuft, passieren das Segringer Tor und laufen entlang der Stadtmauer. Nun begeben wir uns auf die Suche nach dem Mauergeist. Dieser wohnt in einem tiefen Loch in der Stadtmauer, das sich zwischen den zwei vor uns liegenden Holzbrücken befindet. Sobald die Kinder das vergitterte Loch gefunden haben, können sie an der Glocke des Mauergeistes klingeln. Ob der Geist wohl zu Hause ist? Nach der Begegnung mit dem Mauergeist gehen wir weiter zum Arche-Noah-Garten. Um diesen romantischen Garten zu erforschen, sollten Sie sich mindestens eine Stunde Zeit nehmen. Hier kann man auf Balken balancieren, auf einem Barfußpfad laufen, Tierspuren entdecken und Tierstimmen hören, Kräuter riechen, durchs Flüstertelefon sprechen, an Helmholtzschen Röhren lauschen, eine Pirouette tanzen und Farben des Sonnenlichtes sehen. Vom Garten führt der Weg über den Schattensteg zurück in die Altstadt hinunter zum Münster St. Georg, dessen hohen Kirchturm wir bereits von Weitem sehen. Von Mai bis September kann der Turm am Wochenende und in den bayrischen Sommerferien täglich bestiegen werden. Wir werden von einer grandiosen Aussicht über die gesamte Stadt belohnt und sehen sogar ins Storchennest auf dem Haus der Geschichte. Rund um das Münster laden zahlreiche Cafés, Gaststätten und Eisdielen zur Stärkung ein. Der Rückweg führt uns über die Nördlinger Straße und die Wethgasse.

Seite 20: »Ob der Mauergeist wohl mit uns spricht?«

Seite 21: »Kopfüber sieht die Welt viel lustiger aus!«

4 Erlebnispfad Hahnenkamm

Aussichtsreicher Wanderweg mit interessanten Stationen

leicht   4 km   80 m   1.30 Std.

Alter
Ab 5 Jahren

Tourencharakter
Auf Waldwegen, nur am Beginn der Tour Schotterweg; am Ende der Tour leichter Aufstieg über Trockenwiesenhänge

Ausgangs-/Endpunkt
Infopavillon Erlebnispfad Hahnenkamm

Anfahrt
Bahn/Bus: Bahnhof Gunzenhausen; Bus Linie 649 Schullandheim Heidenheim (nicht sonntags). Auto: A 6 bis Ausfahrt Gunzenhausen; B 466 nach Gunzenhausen; B 13 Richtung Treuchtlingen nach Heidenheim; dort Richtung Degersheim; nach etwa 1 km Erlebnispfad Hahnenkamm

GPS-Koordinaten
49.006925, 10.755375

Karte
Landesamt für Vermessung und Geoinformation 1:50 000, Fränkisches Seenland

Einkehr
Klostergasthof Heidenheim, Tel. 09833/770 99 67; Café Emil 09833/799 oder 0151/16 65 05 15

Information
Tourist-Info Heidenheim, Tel. 09833/98 13 30, www.hahnenkamm.de

Auf dem Hahnenkamm-Erlebnispfad können die Kinder an 14 Stationen selbst aktiv werden. Ganz nebenbei erzählt der Pfad von der Entstehung, der Natur und den Besonderheiten des Hahnenkamms.

Der Erlebnispfad Hahnenkamm führt als Rundwanderweg zunächst über eine Hochfläche vorbei an einem Windpark. Durch lichten Buchenwald geht es an eine Hangkante, der wir in stetigem Auf und Ab folgen. Vor dem Schullandheim verschmälert sich der Weg zum Pfad und führt über die Trockenwiesenhänge zurück zum Infopavillon. Hier können wir viel Wissenswertes zur Geologie der Region und zur Entstehung des Erlebnispfades Hahnenkamm und zum Kulturpark Hahnenkamm-Heidenheim erfahren. Viele interessante Stationen sind auf dem Rundwanderweg anzutreffen. Deshalb ist es auch wichtig nicht nur die reine Gehzeit, sondern auch die Besichtigung der Stationen in der Zeitplanung zu berücksichtigen. Auf einem Barfußweg darf der entsprechende Untergrund erraten werden – am besten mit

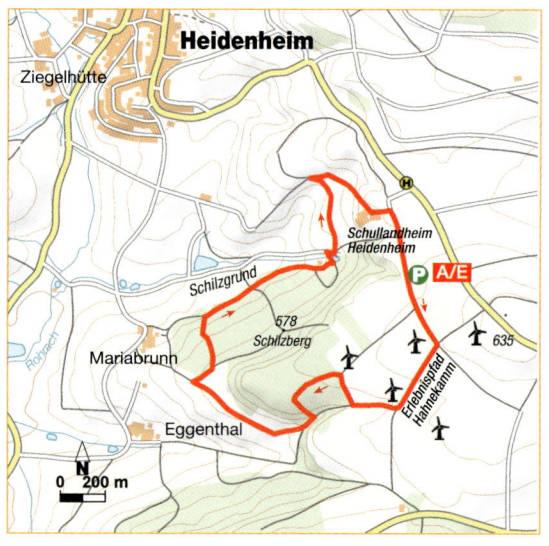

verbundenen Augen. Eine Spiegelplatte lässt uns in die Baumkronen des Buchenwaldes blicken. In einer Vertiefung sehen wir die verschiedenen Erdschichten des Hahnenkammes. Eine Vogelbeobachtungsstation mit Fernrohr lädt zum Verweilen und Beobachten ein, bevor wir dann zu einem Waldxylophon kommen, wo wir den verschiedenen Klängen der Hölzer lauschen können. Das Schau-ins-Land-Fenster am Waldrand lässt uns auf die bewaldeten Höhen des Hahnenkamms blicken. Am Ende des Erlebnispfades geht es über den hier typischen Trockenrasen. An einer Duftstation können dort die einheimischen Kräuter erraten werden. Zur letzten Station sind alle Wanderer aufgefordert einen Stein mitzunehmen, um einen bereits vorhandenen Steinhaufen weiterzubauen, der Unterschlupf für Eidechsen bietet.

Tipp

Das ehemalige Kloster Heidenheim war im 8. Jahrhundert Ausgangspunkt für die Christianisierung im bayrisch-alemannisch-fränkischen Raum. Wunibald, ein angelsächsischer Mönch, gründete im Jahr 752 das Benediktinerkloster Heidenheim. Walburga, seine Schwester, übernahm die Leitung des Klosters nach dem Tod Wunibalds im Jahre 761 und erweiterte es nach englischem Vorbild zu einem Doppelkloster für Nonnen und Mönche.

Vom Infopavillon folgen wir den orangefarbenen Wegweisern mit Hahnenkopf auf einen Rundweg. Der Weg ist sehr gut ausgeschildert, sodass eine zusätzliche Wegbeschreibung hier nicht erforderlich ist. Lediglich ein Wegweiser nach dem Holzxylophon ist verwirrend angebracht. Gehen Sie an der nachfolgenden Weggabelung links und an der darauffolgenden geradeaus bergab.

Auf dem Balancierparcours

Links: Der Hahn weist uns den Weg.

5 Naturerlebnis Kappelbuck

Beobachten, lernen, staunen und Spaß haben

leicht   5 km   60 m   1–2 Std.

Alter
Ab 4 Jahren

Tourencharakter
Pfade durch Streuobstwiesen

Ausgangs-/Endpunkt
Kappelbuck am Ortsausgang Beyerberg in Richtung Königshofen

Anfahrt
Auto: A 7 bis Ausfahrt Dinkelsbühl; Richtung Wassertrüdingen bis Wittelshofen; nach Ehingen bis Beyerberg; an der Kirche nach Königshofen abbiegen; am Ortsausgang Beyerberg zum Kappelbuck hinauf. Alternativ auf der A 6 bis Ausfahrt Ansbach; über Bechhofen nach Königshofen; nach Kaltengreuth zum Kappelbuck

GPS-Koordinaten
49.116513, 10510801

Karte
Bayrisches Landesvermessungsamt 1:50000, Ries, Hesselberg, Nördlingen, Dinkelsbühl

Einkehr
Gasthof Schweitzer in Beyerberg, Tel. 09835/286, Montag und Mittwoch Ruhetag

Information
Genuss-Erlebnis Kappelbuck e.V., Hannelore Gebhardt, Tel. 09832/658 16, www.kappelbuck.de

Auf den wunderschönen Streuobstwiesen mit alten Baumbeständen am Kappelbuck können Kinder mit ihren Eltern viel über die Natur erfahren. Interaktive Stationen laden ein etwas zu tun, zu entdecken und anzufassen.

Haben Sie schon mal liegende Apfelbäume gesehen? Am Kappelbuck können Sie diese bestaunen und viele verschiedene Obstbaumsorten kennenlernen. Wo Fledermäuse im Sommer leben, warum der Imker raucht und wie eine Schmetterlingsraupe in den Ameisenhaufen kommt, darauf kann der Kappelbuck Antwort geben. Zudem erklären Würfel die unterschiedlichen Baumarten. Einmal im Monat wird im Holzbackofen Brot, Pizza und Kuchen auf Vorbestellung

gebacken, und wenn man Glück hat, trifft man sogar den Schäfer an. Auf den weitläufigen Streuobstwiesen sind 25 Stationen zu finden, die über Tiere und Pflanzen, Naturschutz und Geologie sowie über die Schäferei und Imkerei erzählen. Auf jeden Fall sollten Sie am Kappelbuckrätsel teilnehmen. Fragebögen gibt es in den Kästen am Pavillon beim Parkplatz. Alle richtig ausgefüllten Fragebögen nehmen an der monatlichen Verlosung teil. Außerdem lohnt es sich in den Veranstaltungskalender der Naturpädagoginnen zu sehen, da es interessante Angebote für Kinder und deren Eltern gibt.

Tipp

An heißen Tagen empfehlen wir zum Baden den Krummweiher mit Kiosk bei Königshofen.

Links: Die größten Äpfel gibt es am Kappelbuck. Unten: Station auf dem Naturerlebnispfad

6 Natur erleben am Altmühlsee

Von Störchen und Bibern

leicht	Bahn: 5,5km Auto: 4,5km	–	Bahn: 3.30 Std. Auto: 2.30 Std.

Alter
Ab 5 Jahren

Tourencharakter
Auf geschottertem Uferweg des Altmühlsees; anschließend Rundweg auf interessantem Pfad der Vogelinsel

Ausgangs-/Endpunkt
Bahn: Bahnhof Gunzenhausen
Auto: Wanderparkplatz Schlungenhof

Anfahrt
Bahn: Bis Bhf. Gunzenhausen, weiter mit Altmühlsee-Express (Sa/So/Fei), www.gunzenhausen-mobil.de Auto: A 6 bis Ausfahrt Gunzenhausen; weiter auf der B 466 nach Gunzenhausen; Umgehung um Gunzenhausen auf der B 13 Richtung Ansbach; in Schlungenhof links dem Schild zum Wanderparkplatz Schlungenhof folgen

GPS-Koordinaten
49.120367, 10.754372

Karte
Landesamt für Vermessung und Geoinformation 1:50 000, Fränkisches Seenland

Einkehr
Seegasthof Altmühlsee, Tel. 09831/805 05, seegasthof-altmuehlsee.de

Information
Tourist-Info Altmühlsee, Tel. 09831/89 03 70, www.muhr-am-see.de

Die Vogelinsel im Altmühlsee ist ein Paradies für die heimische Tier- und Pflanzenwelt. Besonders stimmungsvoll ist es hier am frühen Vormittag oder am späten Nachmittag.

Der Altmühlsee im Fränkischen Seenland ist als Erholungsgebiet weit über die Grenzen Mittelfrankens hinaus bekannt. Den besonderen Reiz dieser bäuerlich geprägten Region machen das idyllische Landschaftsbild mit den vielen kleinen fränkischen Dörfern und Städten sowie das vielfältige Freizeitangebot aus. Hier am Altmühlsee kann man das Nebeneinander von Natur und Freizeitspaß genießen. Während die eine Hälfte des Sees Seglern, Surfern und Badegästen zur Verfügung steht, bleibt die andere Hälfte als Naturschutzgebiet den Tieren und Pflanzen vorbehalten.

Einen Einblick in die unberührte Natur der Vogelinsel können wir auf dem 1,5 Kilometer langen Rundweg gewinnen. Ein Beobachtungsturm verschafft uns einen herrlichen Blick über den See

und die Insel. Nun sehen wir auch, dass die Vogelinsel aus einem bunten Mosaik zahlreicher Inselchen besteht, die von Schilfwäldern, Feuchtwiesen, Schlickflächen und Büschen geprägt sind. Diese Vielzahl an verschiedenen Lebensräumen und das reiche Nahrungsangebot haben den Altmühlsee zu einem heiß begehrten Brut-, Rast- und Mauserplatz für zahllose Vogelarten gemacht. Doch nicht nur eine Vielzahl von Vögeln fühlt sich hier wohl, sondern auch einige Biberfamilien haben auf der Vogelinsel ihr Zuhause gefunden. Tagsüber finden wir Spuren von abgenagten Bäumen und Biberrutschen, die uns die Wege der Biber ins Wasser verraten. Die Biberburg, ein kunstvolles Bauwerk aus Ästen und kleineren Stämmen, das sorgfältig mit Schlamm und verrottetem Pflanzenmaterial abgedichtet ist, kann direkt neben dem Lehrpfad bestaunt werden. Wer noch keinen

Rikschafahren ist kinderleicht.

Linke Seite: … und nach der Tour in den Altmühlsee

Mit Biber Paul unterwegs auf der Vogelinsel

Biber gesehen hat, sollte unbedingt an einer der Biberführungen bei Dämmerung teilnehmen, die engagierte Mitarbeiter des Landesbunds für Vogelschutz durchführen. Der LBV unterhält die Umweltstation Altmühlsee und bietet von Mitte März bis Mitte Oktober jeden Mittwoch und Sonntag um 16 Uhr Vogelinselführungen an. Auch Naturerlebnisprogramme von der Steinzeit über Walderlebnis und Wildkräuterführungen sowie Wassererlebnis können gebucht werden. So findet sich für jede Altersgruppe eine maßgeschneiderte Veranstaltung. Vielleicht haben Sie auf Ihrer Anfahrt bereits einen Weißstorch in einer der Wiesen um den Altmühlsee entdeckt. Seit Jahren besetzt je ein Brutpaar in Gunzenhausen einen Horst und in Muhr am See sogar zwei Horste. Nach einem erlebnisreichen Tag am Altmühlsee empfehlen wir Ihnen, den Sonnenuntergang bei einem guten fränkischen Abendessen im Seegasthof zu genießen.

Bahnfahrer steigen in den Altmühlsee Express, der vor dem Bahnhofsgebäude startet oder gehen zu Fuß bis zum Seezentrum Schlungenhof. Dann verlassen wir den Bahnsteig Richtung Altmühlsee und folgen dem Schild »Radweg Altmühlsee« über die Fahrstraße, vorbei an der Brauereigaststätte, auf die Altmühlwiesen. Der Fuß- und Radweg biegt nach rechts ab und geht durch

eine Unterführung der Bundesstraße zum Ringwall des Altmühlsees. Am Uferweg gehen wir Richtung Muhr am See bis zum Seegasthof Schlungenhof, wo sich der Parkplatz für die *Autofahrer* befindet. Vom Parkplatz gehen wir zum Seegasthof Schlungenhof. Hier empfiehlt es sich, eine Rikscha im Radverleih auszuleihen, um auf dem Uferweg zur Vogelinsel zu fahren. Der Weg dorthin ist breit und geschottert und eignet sich für Kinder viel besser zum Rikschafahren als zum Laufen. Die Rikscha kann auf dem Fahrradstellplatz vor dem Steg der Vogelinsel abgestellt werden. Ab hier gehen wir zu Fuß weiter und erkunden die Tier- und Pflanzenwelt auf einem Rundweg. Wir empfehlen Ihnen, nach dem Steg den Rundweg Richtung rechts zu beginnen. Hier können wir den Spuren des Bibers folgen. Nach der ersten kleinen Brücke sehen wir auch schon eine Biberburg. Der Pfad schlängelt sich vorbei an Schilf und über Holzstege. Höhepunkt des Rundgangs ist der Aussichtsturm. Hier haben Sie einen grandiosen Blick über den Altmühlsee. Es lohnt sich, ein Fernglas dabei zu haben. Denn Hunderte von Wasservögeln lassen sich wunderbar beobachten. Vielleicht sehen Sie auch einige Haubentaucher, die ihre Küken auf dem Rücken tragen. Zurück zu unserem Ausgangspunkt geht es auf derselben Strecke wie auf dem Hinweg.

Meister Adebar auf einer Wiese an der Altmühl

Mitte: unterwegs auf der Vogelinsel

Tipp

Die LBV-Umweltstation Altmühlsee in Muhr am See zeigt die multimediale und interaktive Ausstellung »Lebensraum Altmühlsee – Faszination Vogelzug«. Sie beschreibt die Natur rund um den Altmühlsee, die Entstehung des Altmühlsees und das Wasserüberleitungsprojekt und erzählt von den Geheimnissen des Vogelzugs. Weitere Infos unter Tel. 09831/48 20 oder www.altmuehlsee.lbv.de

7 Spannende Überraschungen im Burgstallwald

Von Fledermäusen und Römern

| leicht | 2,5 km | 70 m | 2 Std. |

Alter
Ab 3 Jahren

Tourencharakter
Durch Mischwald auf Pfaden und Wegen mit Bau-, Kletter- und Spielstationen

Ausgangs-/Endpunkt
Bahn/Bus: Bushaltestelle Waldbad. Auto: Parkplatz am Waldbad in Gunzenhausen

Anfahrt
Bahn/Bus: Bahnhof Gunzenhausen; Stadtbus 641 zur Haltestelle Waldbad. Auto: A 6 bis Ausfahrt Gunzenhausen; weiter auf der B 466 nach Gunzenhausen; Ortsumfahrung auf der B 13 bis Ausfahrt Gunzenhausen-Süd; im ersten Kreisverkehr Richtung Krankenhaus; im zweiten Kreisverkehr geradeaus; im dritten Kreisverkehr Richtung Waldbad

GPS-Koordinaten
49.110108, 10.769993

Karte
Landesamt für Vermessung und Geoinformation 1:50 000, Fränkisches Seenland

Einkehr
Waldbad-Restaurant, Tel. 09831/32 34

Information
Tourist-Info Gunzenhausen, Tel. 09831/50 83 00, www.gunzenhausen.info

Klaus, die Fledermaus, führt uns durch den Burgstallwald. Wir werden die Lebensgewohnheiten von Waldtieren kennenlernen, auf kleinen Holzschweinchen reiten, Tipis bauen und den Römern auf die Spur kommen.

Schon der Name Burgstall verrät, dass hier eine vor- und frühgeschichtliche Befestigungsanlage war. Später siedelten Römer, Germanen und Kelten hier. Unser Waldabenteuer beginnt auf einem Hochstand, von dem aus wir die ersten Waldbewohner im Dickicht suchen können. Durch ein Fernrohr sehen wir ein Spechtloch. Riesige Wurzelteller wollen bestaunt und untersucht werden. Eine Tobestation lädt zum Herumspringen, Balancieren, Klettern und Tipibauen ein. Hierfür sollte man unbedingt Zeit einplanen. Eine Baumfabrik sowie Sprücheklopfer finden wir am Wegesrand. Auch ein Abstecher zum Bismarckturm mit Limeswachturm und Limespalisade ist unbedingt lohnenswert. Auf dem weiteren Weg finden wir allerlei Gegenstände an einem wunderschönen alten Baum hängen. Ob das alles hingehört, was da so rumhängt? Auf Holzliegen unter dem Baum kann man den Blick in die Baumkronen genießen und die Wolken vorbeiziehen sehen. An der nächsten Station zeigt sich der Wald als Energielieferant. Hier erfahren wir, wie groß ein Ster Holz ist und wie viel Energie er uns schenkt. Interessant sind die Vergleiche mit fossilen, atomaren und regenerativen Energiequellen. In der mythischen Ecke unseres Erlebnisweges können wir fantasievolle Kunstwerke aus Holz betrachten, die den weiteren Weg bis zum Ausgangspunkt säumen. Begeben Sie sich mit Ihren

Gemütlich liegt es sich auf dem »Himmelsgucker«.

Kindern auf eine spannende Entdeckungsreise und tauchen Sie in das Waldleben ein.

Bahn- und Busfahrer gehen von der Bushaltestelle entlang der Hollerstraße bis zum Waldbad. Am Parkplatz des Waldbades beginnt auch für die *Autofahrer* der Weg, der uns entlang des Waldrandes zu den ersten Stationen führt. Wir folgen immer dem Schild »Klaus, die Fledermaus« durch den Wald. Zwischen den beiden Stationen der Sprücheklopfer machen wir einen kurzen Abstecher rechts hinauf zum Limes. Nach etwa 200 Metern sehen wir die Stufen zum Bismarckturm. Oben angelangt finden wir das Fundament eines römischen Limeswachturmes sowie den Nachbau einer Limespalisade aus dicken Eichenstämmen. Diese wurde von den Römern um 160 n. Chr. errichtet und zog sich schnurgerade über das Plateau des Schloßbucks. Wir gehen wieder zurück zu dem Sprücheklopfer und folgen dem Schild »Klaus, die Fledermaus« zu den weiteren Stationen.

Tipp

Das Waldbad Gunzenhausen lädt an heißen Tagen zum erfrischenden Sprung ins Wasser ein. Auf die Kinder warten mehrere Schwimmbecken mit Sprungtürmen und Rutschen, ein großer Spielplatz, Volleyball- und Basketballfelder sowie Tischtennisplatten und schattige Liegewiesen. Weitere Infos unter Tel. 09831/800 41 46 oder www.gunzenhausen.info

8 Schloss Spielberg

Von moderner Kunst und einer unglücklichen Prinzessin

| leicht | 1,5 km | 20 m | 30 Min. |

Alter
Ab 4 Jahren

Tourencharakter
Burganlage mit Pfad durch Skulpturen- und Engelwiese

Ausgangs-/Endpunkt
Wanderparkplatz Spielberg

Anfahrt
Bahn/Bus: Bis Bahnhof Gunzenhausen; weiter mit Bus Linie 649 bis Schloss Spielberg (nicht sonntags). Auto: A 6 bis Ausfahrt Gunzenhausen; weiter auf der B 466 Richtung Nördlingen; in Gnotzheim Richtung Spielberg; Parkplatz am Schloss Spielberg

GPS-Koordinaten
49.045337, 10.715801

Karte
Landesamt für Vermessung und Geoinformation 1:50 000, Fränkisches Seenland

Einkehr
Gasthof Gentner in Spielberg, Tel. 09833/98 89 30, www.gasthof-gentner.de, Öffnungszeiten: Mittwoch bis Sonntag und feiertags, 11.30–14 Uhr und 18–23 Uhr, Montag und Dienstag Ruhetag

Information
Schloss Spielberg, Tel. 09833/357, www.schlossspielberg.de

Ein stimmungsvoller Wiesenpfad führt uns um Schloss Spielberg, das an den Westausläufern der Frankenalb gelegen ist. Hier bieten sich herrliche Ausblicke zum Hesselberg, dem höchsten Berg Mittelfrankens, sowie zum Altmühlsee.

Auf der Skulpturen- und Engelwiese im Außenbereich von Schloss Spielberg zeigen Kunstwerke das schöpferische Wirken des Bildhauers und Malers Ernst Steinacker (1919–2008). Ein Wiesenpfad führt uns um die Burg und lässt den Betrachter staunen, da es dem Künstler gelungen ist, moderne Kunst und

Geschichte, Natur und schöpferischen Geist harmonisch zu verbinden. Wie aus einem Märchen erscheint der stilvoll ausgestaltete Innenhof. In der burgeigenen Kapelle brennen Kerzen und dazu ist klassische Musik zu hören. Wer die Burg aus dem 12. Jahrhundert und das Museum für zeitgenössische Kunst besichtigen möchte, kann dies jeden Sonntag von 14–16.30 Uhr und nach Vereinbarung tun. Veit Steinacker, der Schlossherr selbst, führt seine Gäste durch die eindrucksvollen Räume, über die er spannende Geschichten, beispielsweise von einer unglücklichen Prinzessin, zu erzählen weiß. Die Burg ist so ansprechend eingerichtet, dass sie die Kinderaugen leuchten lässt.

Besonders möchten wir Ihnen den Rastplatz unter den vier Linden ans Herz legen. Hier hat man nicht nur eine schöne Aussicht, sondern steht auf einem besonders energiereichen Ort, den die Kelten bereits als Kraftort kannten.

Tipp

Auf dem benachbarten Gelben Berg (siehe auch Tour 21) kann man wunderbar Drachen steigen lassen.

Links: das Schloss Spielberg

Regenbogen über der Anhöhe von Schloss Spielberg

9 **Durch das Kainachtal**

Blumen und Schmetterlinge

| leicht | 13 km | gering | 2.15 Std. |

Alter
Ab 6 Jahren

Tourencharakter
Sehr entspannende Wanderung, besonders schön, wenn im Frühling die Wiesen blühen

Ausgangs-/Endpunkt
Hollfeld, Freibad

Anfahrt
Bahn/Bus: Busverbindung mit Bamberg und Bayreuth. Bahn bis Bayreuth, dann Bus 969. Auto: Autobahn A 70, Abfahrt Schirradorf oder Stadelhofen auf B 22 nach Hollfeld

GPS-Koordinaten
49.939040, 11.293349

Einkehr
Gasthof Schrenker, Hollfeld, Tel. 09274/20, www.gasthof-schrenker.de, Mittwoch Ruhetag, Fischwasser steht zum Fliegenfischen zur Verfügung

Karte
Fritsch Wanderkarte 1:50 000, Naturpark Fränkische Schweiz – Veldensteiner Forst – Hersbrucker Alb, Blatt Süd

Information
Touristinformation Hollfeld, Tel. 09274/980 15, www.hollfeld.de

Das stille Kainachtal bietet mit seinen bunten Wiesenflächen vor allem im Frühjahr eine besonders schöne Familientour. Die Hänge rings um die Schlötzmühle beeindrucken mit ihren bizarren Wacholderbüschen, und absoluter Blickpunkt für Groß und Klein ist Burg Zwernitz – wie aus dem Mittelalter entsprungen ...

Wir starten in Hollfeld beim Freibad (hier Wanderkarte und Wegweiser) und folgen der Markierung gelber Ring (auch rote Raute) auf breitem Promenadenweg zwischen Waldhang und Wiese. Zahlreiche Bänke laden zur Rast ein, und neben uns schlängelt sich das Flüsschen Kainach zwischen den blühenden Wiesen in vielen Mäandern dahin. Den Kindern bringt es Spaß, die vielen Flussschleifen zu zählen! Schließlich erreichen wir Kainach und treffen dort auf die Asphaltstraße. Wir schwenken nach links, wenden uns in der Dorfmitte beim Brunnen nach rechts (Wegweiser Wonsees) und folgen der Markierung gelber Punkt gleich wieder links. Nun wandern wir auf leicht ansteigender Straße, dabei schweift der Blick bis zur Burg Zwernitz in Sanspareil auf der Höhe. Sie wurde auf einem Dolomitfelsen erbaut und ist mit ihrem 35 Meter hohen Burgturm weithin erkennbar. Eine Ringmauer mit Schießscharten umgibt die Burganlage mit ihren schönen Fachwerkgiebeln. Bereits im 12. Jahrhundert urkundlich erwähnt, war sie einst Sitz der Walpoten von Zwernitz (April bis Mitte Oktober täglich außer montags geöffnet,

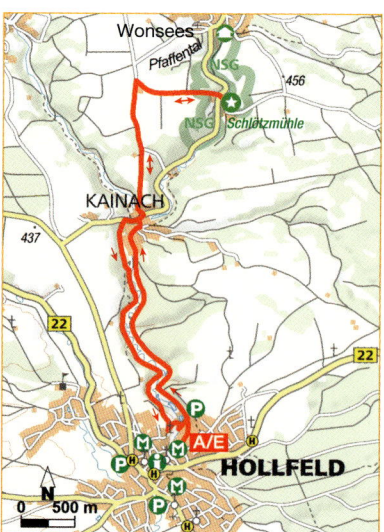

Tel. 09274/80 89 09 11). Der dazugehörende Felsengarten ist ganzjährig geöffnet und auch für Kinder interessant.

An einer einsam stehenden Scheune biegen wir rechts ab und folgen der Markierung roter Ring. Der Weg führt leicht abwärts, an einem Hang mit Wacholderbüschen (NSG) vorbei nach Schlötzmühle.

Von hier wandern wir auf vorerst bekanntem Weg zurück nach Kainach und wenden uns in Ortsmitte nach rechts (Markierung blauer Punkt). Bei der Freiwilligen Feuerwehr folgen wir dem Wiesenweg nach links und wandern an der anderen Seite der Kainach nach Hollfeld zurück.

Variante Von Kainach beim Brunnen in der Dorfmitte nach links gehen und der Markierung blauer Punkt folgen. Wir kehren dann auf der anderen Seite des Kainachtales nach Hollfeld zurück (2 km).

Über diese Brücke führt der schöne Wanderweg im Kainachtal.

Terrassengärten in Hollfeld

Lohnend ist ein Besuch der Terrassengärten an der alten Stadtmauer in Hollfeld. Sie entstanden bei der Sanierung der Treppen an der mittelalterlichen Stadtmauer und bieten eine Fülle sonnenhungriger Pflanzen. Besonders im Juni und Juli, wenn die Rosen inmitten anderer Stauden blühen, ist ein Besuch zu empfehlen. Bänke laden zum Verweilen ein.

10 Von Zoggendorf zur Heroldsmühle

Geologischer Pfad zum Kreuzstein

leicht	13 km	146 m	3.30 Std.

Alter
Ab 8 Jahren

Tourencharakter
Abwechslungsreiche Wanderung auf Feld- und Wiesenwegen

Ausgangs-/Endpunkt
Zoggendorf, Ortsmitte Bushaltestelle

Anfahrt
Bahn/Bus: Busverbindung mit Bamberg. Bahn bis Bamberg, dann Bus 975. Auto: Autobahn A 70, Abfahrt Schirradorf oder Stadelhofen, nach Heiligenstadt

GPS-Koordinaten
49.869504, 11.154524

Einkehr
Heroldsmühle, Tel. 09198/ 342 99 68, www.heroldsmuehle.com, größtes eisernes Mühlrad Deutschlands

Karte
Fritsch Wanderkarte 1:50 000, Naturpark Fränkische Schweiz – Veldensteiner Forst – Hersbrucker Alb, Blatt Süd

Information
Verkehrsbüro Heiligenstadt/ Ofr., Tel. 09198/92 99 32, www.markt-heiligenstadt.de

Ein beliebtes Ausflugsziel im Leinleitertal ist die Gaststätte Heroldsmühle mit ihrer Forellenzucht – spätestens hier lohnt sich eine Rast. Das große Mühlrad ist bestimmt auch für Kinder interessant. Die Gaststätte ist auf einem sehr schönen geologischen Lehrpfad bequem erreichbar.

Wir starten in Zoggendorf bei der Bushaltestelle im Ort und folgen dann beim Pub (geschlossen) dem Wegweiser Neumühle und der Markierung grüner Ring. An einer Kreuzung (rechts sehen wir das Schloss Greifenstein) geht es weiter geradeaus, wir erreichen die Höhe und schwenken beim Wegweiser 2, Rundgang, nach links (Markierung grüner Ring) und wandern auf einem breiten Weg zwischen Feldern weiter. An einer Kreuzung gehen wir geradeaus an einem kleinen Wanderparkplatz – wo Kinder an den Felsblöcken herumklettern können – und einer Informationstafel über die Landwirtschaft vorbei auf einem Feldweg mit schöner Aussicht, der in den Wald führt. Wir folgen immer dem Wegweiser Geologischer Lehrpfad (Markierungen grüner Ring und rot-weiß diagonal geteiltes Rechteck wechseln), können von einem Felsen die schöne Aussicht in das Leinleitertal genießen und kommen an einen Feldrand. Dort wenden wir uns nach links, wandern am Feld entlang und biegen bald an einem Pfad nach links ab (hier Markierung grüner Ring), um einen Abstecher zum Kreuzstein mit schönem Sitzplatz und herrlicher Aussicht auf Oberleinleiter zu unternehmen.

Von dort folgen wir dem Wegweiser Geologischer Lehrpfad und kommen zum Naturdenkmal Basaltbruch mit Lehrtafel. Von diesem Abstecher setzen wir unsere Wanderung fort, stoßen auf eine Asphaltstraße, wenden uns nach links und nach 200 Metern nach rechts (Wegweiser Hohenpölz). Nun wandern wir auf Hohenpölz zu, sehen die schöne Lage des Ortes, biegen aber kurz danach scharf nach links ab (spitzer Winkel). Auf einem Feldweg gelangen wir zum Heroldstein, einer Felsgruppe aus

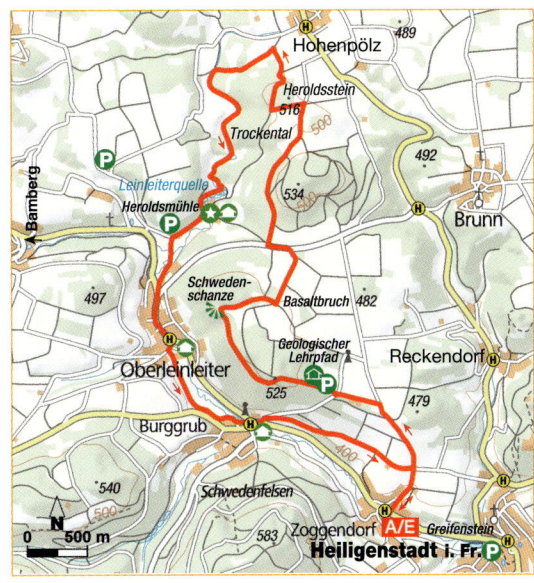

Dolomitgestein, die mit einem Steilhang zum Leinleiter-Trockental abbricht.

Wir folgen dem Wanderweg auf einem Wiesenweg abwärts, schwenken am Wegweiser Leinleiterquelle nach links und dürfen nach 300 Metern den schmalen, nach links abzweigenden Pfad nicht verpassen (keine Markierung, kurz danach grüner Ring sichtbar). Der Pfad mündet auf einen Feldweg, wir folgen dem Wegweiser Heroldsmühle, Leinleiterquelle nach links. Es erwartet uns ein reizvoller Weg durch das stille Leinleitertal, einem lieblichen Trockental, das in der Eiszeit geformt wurde. Es gilt als eines der schönsten Trockentäler der Fränkischen Schweiz mit ausgedehnten Kalkmagerrasen an seinen Talhängen. Die meisten Quellen

Seite 39: Vom Kreuzstein bietet sich eine wunderbare Aussicht auf Oberleinleiter.

des Tals führen nur nach starken Regenfällen oder zur Zeit der Schneeschmelze Wasser und werden deshalb im Volksmund auch »Hungerbrunnen« genannt. Die Leinleiterquelle rechts des Wegs ist kein solcher Hungerbrunnen, denn aus ihr sprudeln 150 Liter Wasser in der Sekunde.

Dreht man an der Quelle einige Steine im Wasser um, lassen sich mit etwas Glück Bachflohkrebse beobachten. Hier können Kinder einmal ihre Becherlupe hervorholen und ganz genau ins Wasser schauen, vielleicht entdecken sie ja diesen typischen Bachbewohner.

An der folgenden Gabelung wählen wir den rechten Weg und kommen zur Heroldsmühle. Sie wurde erstmals im Jahr 1150 erwähnt und diente früher zum Mahlen von Getreide, später zur Stromerzeugung. Das riesige Eisenmühlrad mit einem Durchmesser von 7,20 Metern wurde von einer nahe gelegenen Karstquelle gespeist, heute ist es eine eindrucksvolle Attrappe. Das Mühlengebäude wurde 1975 zur Gaststätte umgebaut.

Hier folgen wir dem Wegweiser nach Oberleinleiter (Markierung gelber Querstrich wechselt mit grünem Ring), schwenken am Ortsende nach rechts, überqueren eine Brücke (Wegweiser Heiligenstadt) und gelangen auf einem Wiesenweg zur Landstraße in Burggrub. Bereits 1136 urkundlich erwähnt, fallen im Ort mehrere schöne Fachwerkhäuser auf. Dort halten wir uns links, biegen am Gasthof Hösch nach links auf eine Teerstraße und wenden uns nach wenigen Metern nach rechts, um auf einem herrlichen Panoramaweg (Splittweg) nach Zoggendorf zu wandern. Wir kommen zur Kreuzung mit einer Teerstraße, an der wir zu Beginn der Wanderung geradeaus aufwärtsgingen. Hier wenden wir uns nach rechts und erreichen den Ausgangspunkt in Zoggendorf.

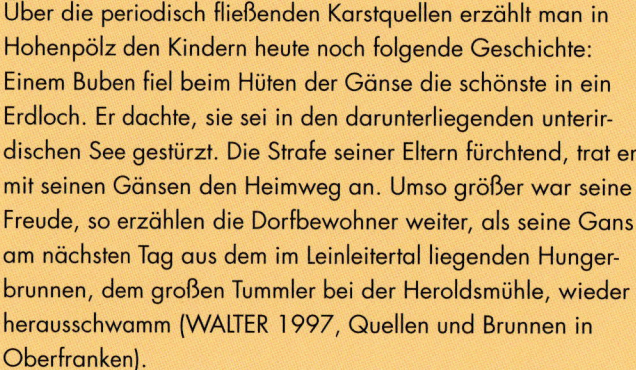

Kleine Geschichte für Kinder

Über die periodisch fließenden Karstquellen erzählt man in Hohenpölz den Kindern heute noch folgende Geschichte: Einem Buben fiel beim Hüten der Gänse die schönste in ein Erdloch. Er dachte, sie sei in den darunterliegenden unterirdischen See gestürzt. Die Strafe seiner Eltern fürchtend, trat er mit seinen Gänsen den Heimweg an. Umso größer war seine Freude, so erzählen die Dorfbewohner weiter, als seine Gans am nächsten Tag aus dem im Leinleitertal liegenden Hungerbrunnen, dem großen Tummler bei der Heroldsmühle, wieder herausschwamm (WALTER 1997, Quellen und Brunnen in Oberfranken).

Rechte Seite: Im stillen Leinleitertal befindet sich auch die Leinleiterquelle.

40

11 Von Veilbronn zum Mathelbach

Schulstunde am Naturlehrpfad

leicht   7 km   117 m   1.30 Std.

Alter
Ab 4 Jahren

Tourencharakter
Bequeme Wanderung auf
schönen Wegen, im Bereich
des Lehrpfades ansteigend,
um Störnhof als Höhenweg
zwischen Feld und Wiese

Ausgangs-/Endpunkt
Veilbronn, Wanderparkplatz

Anfahrt
Bahn/Bus: Busverbindung mit
Ebermannstadt und Heiligenstadt. Bahn bis Ebermannstadt,
dann Bus 975. Auto: Auto-
bahn A 70, Abfahrt Schirradorf oder Stadelhofen, weiter
nach Veilbronn

GPS-Koordinaten
49.841251, 11.197541

Einkehr
Landgasthof Lahner, Veilbronn
www.landgasthof-lahner.de,
Montag bis Mittwoch Ruhetag,
Speisekarte mit Kindergerich-
ten und Kinderspielplatz in der
Nähe

Karte
Fritsch Wanderkarte 1:50 000,
Naturpark Fränkische Schweiz
– Veldensteiner Forst – Hers-
brucker Alb, Blatt Süd

Information
Verkehrsbüro Heiligenstadt/
Ofr., Tel. 09198/92 99 32,
www.markt-heiligenstadt.de

Die Gegend um Veilbronn beeindruckt nicht nur mit bizarren Felsen, sondern auch mit schönen Höhen-wegen. Entlang des Mathelbaches kommen wir zu seiner Quelle, wo ein Naturlehrpfad über Bäume, Sträucher und Kräuter der Gegend informiert.

Vom Wanderparkplatz in Veilbronn schlagen wir die Richtung nach Störnhof ein und verlassen nach wenigen Metern die Asphaltstraße nach links (Wegweiser Leidingshofer Tal, Lehr-pfad, Markierung roter Ring). An der folgenden Gabelung halten wir uns links und steigen einige Stufen aufwärts. Am plätschern-den Bach mit seinen Felsblöcken entlanggehend mündet der Pfad auf einen breiten Waldweg, wo wir uns nach rechts wenden (Wegweiser Rundwander-weg und stilisierter Pavil-lon). Nun kündigt sich durch den Widerhall seines Ventils der hydraulische Stoßheber an, Widder genannt.
Er diente von 1875 bis 1960 für die Wasserversorgung von Leidingshof. Wir kom-

men an einem überdachten Sitzplatz vorbei zur Mathelbach-quelle, finden einige Lehrtafeln vor Gehölzen vor und erreichen eine Weggabelung. Ob die Kinder vielleicht den Feuersalaman-der entdecken, auf den eine der Tafeln hinweist?
Hier folgen wir dem Hinweis nach Streitberg (Markierung gelbes Dreieck), steigen aufwärts und folgen am nächsten Weg-weiser wieder der Markierung gelbes Dreieck in Richtung Streit-berg.

Variante Um die Wanderung auf den Lehrpfad zu beschrän-ken, folgt man hier der Markierung P und roter Ring weiter auf dem Lehrpfad nach Veilbronn (Gesamtwanderzeit 1.30 Std.).

Hoch über dem Leinleitertal erhebt sich auf einem Felsen das Naturfreundehaus.

Wir wandern auf einem breiten Wiesenweg weiter nach Störnhof und gehen auf der Asphaltstraße durch den Ort in Richtung Streitberg. Beim ersten Abzweig biegen wir auf einen Feldweg ab (Wegweiser Veilbronn und Markierung gelber Schrägstrich) und können von einem Sitzplatz die Aussicht auf Störnhof genießen. Schließlich gelangen wir durch den Wald zu einer Gabelung. Hier müssen wir gut auf die Markierung achten. Es folgt ein schöner Wiesenweg, dann geht es abwärts in den Wald, und unser Wanderweg mündet auf eine Asphaltstraße, auf der wir geradewegs nach Veilbronn kommen.

Neben dem Wanderparkplatz befindet sich auch ein schöner Kinderspielplatz mit Schaukel, Rutsche, Kletterstangen und mehr, wo sich der Nachwuchs sicher noch einmal austoben wird.

Schöne Einkehr

In Veilbronn ist der Landgasthof Lahner mit schönem Kaffeegarten längst kein Geheimtipp mehr. Den Gast erwarten gemütliche Fremdenzimmer, sehr schmackhafte Wildgerichte und Spezialitäten der fränkischen Küche sowie hausgebackener Kuchen. Dieser kinderfreundliche Landgasthof mit umfangreichem Speisenangebot auch für Kinder wird vom ADAC besonders empfohlen.

12 Bei den Mühlen im Wiesenttal

Zu einem Kühlschrank im Wald

leicht

12 km

140 m

3.15 Std.

Alter
Ab 8 Jahren

Gehzeit
3.15 Std.

Tourencharakter
Bequeme Wald- und Wiesenwanderung auf gut begehbaren Wegen, bei Nässe streckenweise rutschig

Ausgangs-/Endpunkt
Gößweinstein, Basilika

Anfahrt
Bahn/Bus: Busverbindung mit Bayreuth. Bahn bis Bayreuth, Bus 397. Auto: Autobahn A 9, Ausfahrt Pegnitz-Grafenwöhr, auf B 2/B 470 Richtung Forchheim nach Gößweinstein

GPS-Koordinaten
49.770260, 11.337387

Einkehr
Hotel Krone, Gößweinstein, Tel. 09242/207, www.krone-goessweinstein.de, Donnerstag Ruhetag, mit Kindergerichten

Karte
Fritsch Wanderkarte 1:50 000, Naturpark Fränkische Schweiz – Veldensteiner Forst – Hersbrucker Alb, Blatt Süd

Information
Touristinformation Gößweinstein, Tel. 09242/456 und 840, www.goessweinstein.de

Gößweinstein ist mit seiner weithin sichtbaren Basilika als Wallfahrtsort berühmt. Auch für Kinder bildet die Wanderung ins Wiesenttal, an der Esperhöhle und zwei Mühlen vorbei, eine abwechslungsreiche Runde. Das Spielzeugmuseum ist eine weitere Attraktion.

Von der Basilika in Gößweinstein gehen wir die Pezoldstraße bis zum Ortsausgang und folgen dem Wegweiser Leutzdorf, Burggaillenreuth sowie der Markierung blauer Senkrechtstrich nach links. Zwischen Wiesen und Wald wechselnd kommen wir zu einem Abzweig nach rechts, den wir nicht verpassen dürfen (Markierung links und rechts). Wir stoßen auf eine Asphaltstraße, sehen rechts die Häuser von Leutzdorf und wandern in den Ort. Bei einer kleinen Kapelle schwenken wir nach rechts und verlassen Leutzdorf auf einem breiten Wiesenweg. An der nächsten Gabelung wählen wir den linken Weg und wandern durch Wald zur Esperhöhle. Bestimmt ist es auch für Kinder interessant zu hören, dass die Höhle früher als Kühlschrank genutzt wurde!
Wir folgen der Markierung blauer Senkrechtstrich weiter und gelangen an einer Schonung vorbei auf eine Forststraße. Hier biegen wir nach rechts ab und halten uns an der folgenden Gabelung mit Wieseninsel abermals rechts. Kurz danach zweigt ein Weg zum Keltenwall ab, wo sich vor 2600 Jahren ein keltischer

Herrensitz befand. Von dort kehren wir auf unseren Wanderweg zurück und kommen beim Gebäude der Freiwilligen Feuerwehr nach Burggaillenreuth hinein.

Wir gehen nach rechts und laufen auf dieser Straße bis zur Burg. Rechts am Baum finden wir einen Wegweiser Talweg Behringersmühle (Markierung rotes Kreuz) und folgen nun dem Weg abwärts in das Wiesenttal. Kurz vor den Gleisen der Museumsbahn scharf nach rechts schwenkend, wandern wir nun auf einem breiten Weg im Wiesenttal mit imposanten Felsgebilden bis zur Sachsenmühle weiter. Dort überqueren wir die Gleise und folgen der Markierung rotes Kreuz weiter flussaufwärts, vielleicht von Kanufahrern begleitet, bis zur Stempfermühle. Während die Eltern dort eine Erfrischung zu sich nehmen, können die Kinder gerne in der Pause die Quellen zählen …

Nun geht ein steiler Weg rechts aufwärts nach Gößweinstein ab (Markierung blauer Punkt). An einer gelben Bank wenden wir uns links und wandern an einem selten gewordenen, geschützten Bestand von Eiben vorbei zur Martinswand, einem Kletterfelsen. Nur noch ein kurzes Stück aufwärts und wir sind wieder auf der Pezoldstraße und bald darauf zurück an der Basilika.

Im Spielzeugmuseum in Gößweinstein sind auch Modelleisenbahnen zu bestaunen.

Spielzeugmuseum in Gößweinstein

Unweit der Basilika lädt in der Balthasar-Neumann-Str. 15 das Spielzeugmuseum Gößweinstein zum Besuch ein. Diese umfangreiche Spielzeugsammlung zeigt überwiegend Ausstellungsstücke bis in die 1960er-Jahre. Über drei Etagen gibt das Museum einen möglichst umfassenden Überblick über die gesamte Palette fränkischer Spielzeugproduktion. Tretauto, Puppenküche, Teddys, Blechspielzeug, Figuren, Dampfmaschinen und Metallbaukästen und vieles mehr aus früheren Zeiten können bewundert werden (Tel. 09242/435 77, geöffnet: April bis Oktober Mittwoch, Freitag, Samstag, Sonntag, feiertags 11.00 bis 18.00 Uhr, November bis März Samstag, Sonntag, feiertags 11.00 bis 18.00 Uhr).

13 Auf dem Naturlehrpfad »Langer Berg«

Fossilien im Jurameer

leicht	6,5 km	200 m	2.30 Std.

Alter
Ab 6 Jahren

Tourencharakter
Vom Aufstieg abgesehen ist dies eine sehr bequeme Wanderung auf gut begehbaren Wegen. Nur der Abstieg kann bei Nässe etwas rutschig sein.

Ausgangs-/Endpunkt
Ebermannstadt, Wasserschöpfrad

Anfahrt
Bahn/Bus: Busverbindung mit Forchheim oder Bahn nach Ebermannstadt. Auto: Autobahn A 9, Ausfahrt Pegnitz-Grafenwöhr, auf B 2/B 470 über Pottenstein, Gößweinstein nach Ebermannstadt

GPS-Koordinaten
49.780619, 11.183566

Einkehr
Restaurant Schwanenbräu, Ebermannstadt, Tel. 09194/209, www.schwanenbraeu.de, Speisekarte mit Kindergerichten

Karte
Fritsch Wanderkarte 1:50 000, Naturpark Fränkische Schweiz – Veldensteiner Forst – Hersbrucker Alb, Blatt Süd

Information
Städtisches Verkehrsamt Bürgerhaus, Tel. 09194/506 40, www.ebermannstadt.de

Der Naturlehrpfad dieser Wanderung informiert über die Entstehung der Fränkischen Schweiz und ihren geologischen Aufbau sowie über die Tier- und Pflanzenwelt. Ein Kalksteinbruch zeigt Ablagerungen des früheren Jurameeres.

Wir starten am riesigen Wasserschöpfrad von 1603 unweit des Marktplatzes (wenige Meter vom großen Parkplatz Nr. 2) und folgen dem Wegweiser Naturlehrpfad Ebermannstadt (Markierung grüner Ring) nach rechts. Am Breitenbach entlang, der sein Wasser von mehreren Quellen im Eschlipptal erhält, gelangen wir zur B 470, die wir überqueren. Wir gehen zur Friedhofsstraße, schwenken hier nach links und wenden uns bei der Breitenbacher Straße nach rechts. Nun geht es allmählich aufwärts;

beim Hinweis zum Bierkeller Nitsche verlassen wir die Straße und steigen recht steil zum Schottenberg auf. Dort finden wir einen Wegweiser und den eigentlichen Beginn des Naturlehrpfades als Rundweg.

Wir wenden uns nach rechts, gehen auf einem mäßig ansteigenden Schotterweg aufwärts, vorbei am Abzweig zum Kreuz, einem Aussichtspunkt, und kommen zu einem Steinbruch. Sehr gut lassen sich vom Weg aus an der steilen Kalksteinwand die Schichten erkennen, die im Jurameer nach und nach »gewachsen« sind, und wo man wie an so vielen Stellen im Fränkischen Jura Fossilien gefunden hat. Weiter geht es zum Druidenstein, einer exponiert stehenden Felsnadel, wo zahlreiche Sonne und

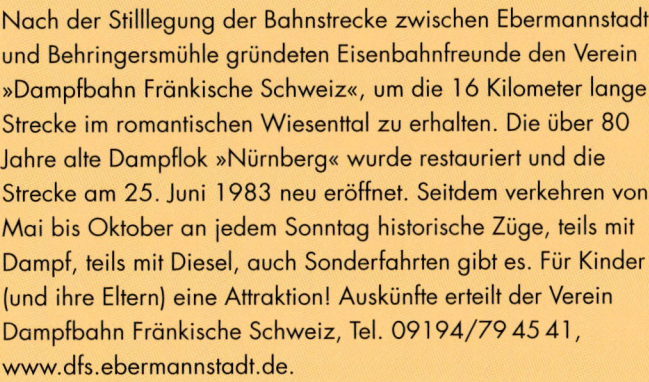

Am Marktplatz in Ebermannstadt lässt es sich gut verschnaufen.

Trockenheit liebende Pflanzen wie Mauerpfeffer, Immergrünes Felsenblümchen oder Färberkamille gedeihen. Hier genießen wir den prächtigen Ausblick. Weiter aufwärts kommen wir zu einem Sitzplatz und biegen dort nach links ab. Nun wandern wir durch Wald – immer der Markierung grüner Ring folgend – an zahlreichen Lehrtafeln vorbei. Vorgestellt werden zahlreiche Pflanzenarten aus verschiedenen Lebensräumen, zu denen neben Gehölzen auch Kräuterarten der Kalkbuchenwälder, Pilze, aber auch Schmetterlinge, Vögel und andere Tiere gehören. Der Abstieg erfolgt anfangs allmählich, wird steiler, und nach einem Hohlweg schließt sich der Kreis des Lehrpfades. Nun gehen wir der Markierung grüner Ring folgend zum Wasserschöpfrad zurück.

Mit der Museumsbahn unterwegs

Nach der Stilllegung der Bahnstrecke zwischen Ebermannstadt und Behringersmühle gründeten Eisenbahnfreunde den Verein »Dampfbahn Fränkische Schweiz«, um die 16 Kilometer lange Strecke im romantischen Wiesenttal zu erhalten. Die über 80 Jahre alte Dampflok »Nürnberg« wurde restauriert und die Strecke am 25. Juni 1983 neu eröffnet. Seitdem verkehren von Mai bis Oktober an jedem Sonntag historische Züge, teils mit Dampf, teils mit Diesel, auch Sonderfahrten gibt es. Für Kinder (und ihre Eltern) eine Attraktion! Auskünfte erteilt der Verein Dampfbahn Fränkische Schweiz, Tel. 09194/79 45 41, www.dfs.ebermannstadt.de.

14 Zum Wildpark Hundshaupten

Auf Tuchfühlung mit der Tierwelt

leicht | 9 km | 100 m | 2.45 Std.

Alter
Ab 6 Jahren

Tourencharakter
Bequeme Wanderung auf breiten Wegen, im Wald, teilweise zwischen Obstgärten. Streckenweise auf Asphaltstraße mit wenig Verkehr

Ausgangs-/Endpunkt
Unterzaunsbach, Brauerei-Gasthof Meister

Anfahrt
Bahn/Bus: Busverbindung mit Ebermannstadt. Bahn bis Ebermannstadt, dann Bus 235.
Auto: Autobahn A 70, Ausfahrt Forchheim Nord oder Süd, auf der B 470 bis Abzweig Pretzfeld, über Pretzfeld bis Unterzaunsbach

GPS-Koordinaten
49.738053, 11.222250

Einkehr
Gaststätte im Wildpark,
Tel. 09191/86 12 80,
www.wildpark-hundshaupten.de

Karte
Fritsch Wanderkarte
1:50 000, Naturpark Fränkische Schweiz – Veldensteiner Forst – Hersbrucker Alb, Blatt Süd

Information
Tourist-Information Egloffstein,
Tel. 09197/202 und 629 20,
www.trubachtal.com

Der Wildpark Hundshaupten ist die Hauptattraktion des gleichnamigen Dorfes und ein lohnendes Wanderziel. Wer wohl von den Kindern als Erstes das Wisent entdeckt? In Unterzaunsbach lohnt nach der Tour die Einkehr im kleinen Biergarten.

Vom Wegweiser neben dem Parkplatz am Brauerei-Gasthof Meister in Unterzaunsbach folgen wir dem Hinweis Wildpark Hundshaupten (Markierung grüner Ring). Beim Café Hohlweg schwenken wir nach links und wandern aus dem Ort heraus; auf einer Asphaltstraße zwischen Feldern genießen wir die schöne Landschaft im breiten Trubachtal. Nach etwa 15 Minuten verlassen wir die Straße, biegen nach rechts ab und wandern auf einem Schotterweg leicht bergan durch Wald. An der folgenden Gabelung (Wegweiser Wildpark) halten wir uns links und erreichen auf einem schönen Weg durch Buchenwald die Straße Am Wildpark.

Wir besuchen nun den Wildpark, in dem ein Naturlehrpfad angelegt ist. Gleich am Eingang betteln die immer hungrigen Ziegen die Kinder um Futter an!

Nach dem Aufenthalt folgen wir dieser Straße weiter aufwärts nach Hundshaupten und wandern auf der Straße im Ort in Richtung Hundsboden. An Obstgärten vorbei erreichen wir einen Abzweig und folgen dort der Markierung roter Punkt sowie rot-weiß diagonal geteiltes Rechteck nach links auf Egloffsteinerhüll zu. Kurz vor dem Ort führt unser Wanderweg auf einem Wiesenweg weiter in den Wald, wo wir auf einem Querweg nach links abbiegen. Bei einer weiteren Gabelung biegen wir nach links ab und folgen der Markierung rot-weiß diagonal geteiltes Rechteck auf einem Forstweg, bis wir scharf nach rechts abbiegen müssen (am Baum Markierung rot-weiß diagonal geteiltes Rechteck mit schwarzem Pfeil). Wir gelangen auf einen breiten Waldweg, wenden uns dort nach links und halten uns am querenden Forstweg abermals links. Am Wegweiser Hundshaupten vorbei verlassen wir nach ca. 150 Metern die Forstraße und folgen einem rechts abwärtsführenden Pfad (Markierung nicht sichtbar). Unser Weg führt recht steil hinunter und mündet auf einen Weg mit der Markierung grüner Querstrich. Wir folgen ihm nach links und halten uns an der folgenden Gabelung rechts. In Oberzaunsbach überqueren wir eine kleine Brücke, schwenken nach rechts und wenden uns nach dem Brauerei-Gasthaus links, um auf der Asphaltstraße nach Unterzaunsbach zu gelangen.

Linke Seite: Diese Frankenziege lässt sich im Wildpark Hundshaupten füttern und streicheln.

Eldorado für Kinder

Im Wildpark Hundshaupten lassen sich zahlreiche heimische Tiere hautnah beobachten, Zwergziegen verlocken zum Streicheln. Als Spaziergänge bieten sich ein kleiner Rundweg (60 Min.), der Aufstieg zum Breitenstein (60 Min.) und der Weg zum Freigehege für Rot-, Dam- und Muffelwild (45 Min.) an (Tel. 09197/ 241, www.wildpark-hundshaupten.de).

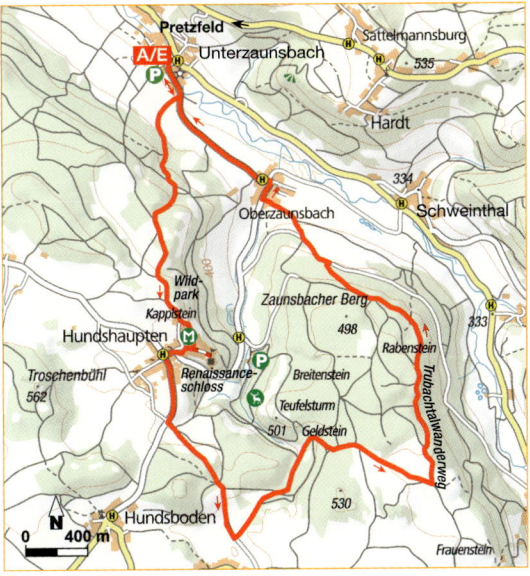

15 Zwischen Hiltpoltstein und Großenohe

In Sichtweite von Kletterern

leicht	13 km	109 m	3.15 Std.

Alter
Ab 8 Jahren

Tourencharakter
Bequeme Wanderung auf breiten Feld- und Waldwegen, auf längeren Streckenabschnitten wenig Schatten

Ausgangs-/Endpunkt
Hiltpoltstein, Gasthof Goldenes Ross

Anfahrt
Bahn/Bus: Busverbindung mit Ebermannstadt. Bahn bis Ebermannstadt, dann Bus 223/219. Auto: Autobahn A 9, Ausfahrt Pegnitz-Grafenwöhr, auf B 2 Richtung Gräfenberg nach Hiltpoltstein

GPS-Koordinaten
49.660530, 11.320364

Einkehr
Gasthof Zur Sägemuehle, www.saegemuehle-grosse-nohe.de, Tel. 09192/993 67 07, Montag und Dienstag Ruhetag, Gerichte für Kinder

Karte
Fritsch Wanderkarte 1:50 000, Naturpark Fränkische Schweiz – Veldensteiner Forst – Hersbrucker Alb, Blatt Süd

Information
Verwaltungsgemeinschaft Gräfenberg, Tel. 09192/70 90, www.graefenberg.de

Großenohe gilt als Kleinod in der Fränkischen Schweiz. Es liegt im romantischen und stillen Krummestal und kann nicht nur mit sehenswerten Fachwerkhäusern, sondern auch mit bekannten Kletterfelsen des Frankenjuras aufwarten. Die Wanderung bietet außerdem empfehlenswerte Einkehrmöglichkeiten.

Wir beginnen bei der Wanderwegtafel am Gasthof Goldenes Ross in Hiltpoltstein und folgen dem Wegweiser Wanderweg über Großenohe nach Egloffstein (Markierung grüner Querstrich) die Asphaltstraße abwärts. Beim Schild Gasthof-Pension Aures gehen wir nach rechts und folgen dem Pfad zwischen

Wiesen und Wohngrundstücken auf die Schulstraße. Dort wenden wir uns nach links, gehen hinunter bis zur Schossaritzer Straße und folgen dieser nach rechts. Wo links ein Schotterweg abzweigt, folgen wir der Markierung grüner Querstrich auf dem Feldweg und wandern zwischen kräuterreichen Wiesen nach Großenohe. Wir passieren die Drei Zinnen, eines der vielen Klettermöglichkeiten im Großenoher Tal – wenn wir Glück haben, sehen wir die Kletterer bei ihren eleganten Bewegungen am steilen Fels emporschwindeln.

Von Großenohe bietet sich ein Abstecher zur einsam gelegenen Spiesmühle an, ein schöner Weg im stillen Krummestal. Von dort zurück gehen wir bei der Linde mit dem Wegweiser zum Café und Restaurant Zur Sägemühle nach rechts, wo wir in idyllischer Umgebung eine Rast einlegen können. Anschließend folgen wir der Markierung rotes Andreaskreuz durch den Ort Großenohe mit seinen schönen Fachwerkhäusern. Am Ortsende wenden wir uns nach rechts und gehen auf einem Weg mit Formplatten zwischen Wiesen und Feldern und folgen an einer Gabelung dem roten Andreaskreuz dreimal nach links. Auf schönem Wald- und Wiesenweg kommen wir nach Kemmathen, stoßen auf die B 2, biegen nach rechts ab und wandern in Richtung Wölfersdorf.

An einer Kreuzung mit dem Wegweiser Hiltpoltstein gehen wir nach links (Markierung blauer Querstrich) bis zu einem Hochsitz, gehen dort nach rechts (Markierung schlecht sichtbar) und wenden uns an der Stelle nach links, wo vor dem Waldrand ein Weg nach links abzweigt (Markierung blauer Querstrich). Am Waldende treffen wir auf einen Querweg, halten uns nach links und gehen am folgenden Abzweig geradeaus weiter (rechts sehen wir die Häuser von Görbitz). An einer Gabelung mit rotem Kreis gehen wir wieder links und kommen nach Hiltpoltstein, biegen auf der Schlossäckerstraße nach rechts ab und erreichen den Ausgangspunkt.

Linke Seite: Blick zur romantisch gelegenen Spießmühle

Mit dem Kinderwagen unterwegs

Für Kinderwagen eignet sich der Weg durch das Krummestal von Großenohe zur Spiesmühle (hin und zurück etwa 1,5 Kilometer).

16 Auf dem Kirschenweg bei Pretzfeld

Naschen am Wegesrand erlaubt

leicht	10 km	163 m	2.30 Std.

Alter
Ab 12 Jahren

Tourencharakter
Sehr schöne Wanderung auf bequemen Wegen, teilweise zwischen Kirschplantagen und Obstgärten, an Hecken entlang und durch Buchenwald

Ausgangs-/Endpunkt
Pretzfeld, Kirche

Anfahrt
Bahn/Bus: Busverbindung mit Forchheim. Bahn bis Pretzfeld. Auto: Autobahn A 73 bis Forchheim-Nord, dann B 470 Richtung Ebermannstadt nach Pretzfeld

GPS-Koordinaten
49.755918, 11.173176

Einkehr
Gasthof Mühlhäuser, Wannbach 61, 01362 Pretzfeld, Tel. 09194/92 53, www.gasthof-muehlhaeuser.de, Montag und Mittwoch Ruhetag, Kindergerichte

Karte
Fritsch Wanderkarte 1:50 000, Naturpark Fränkische Schweiz – Veldensteiner Forst – Hersbrucker Alb, Blatt Süd

Information
Markt Pretzfeld, Tel. 09194/734 70, www.pretzfeld.de

Diese Wanderung ist besonders zur Kirschblüte von Ende April bis Anfang Mai am schönsten; später verkaufen die Bauern ihre Ernte frisch gepflückt am Wegesrand. Entlang des Naturlehrpfades gibt es viel zu entdecken, auch eine Burgruine ...

Von der Kirche folgen wir anfangs der Straße Richtung Ebermannstadt leicht ansteigend, dann geht's auf einem Pfad daneben bis zum Ortsausgangsschild. Hier schwenken wir nach rechts und gehen auf einem Asphaltweg neben Kirschbäumen entlang. Nach ca. 100 Metern biegen wir nach links ab und steigen zwischen Kirschbäumen auf einem Schotterweg aufwärts. Unser Weg führt zu einer kleinen Kapelle mit Sitzplatz, wo es sich gut verschnaufen lässt. Bei der Kapelle halten wir uns links und kommen zur Straße, wo wir rechts auf einem Sandweg in

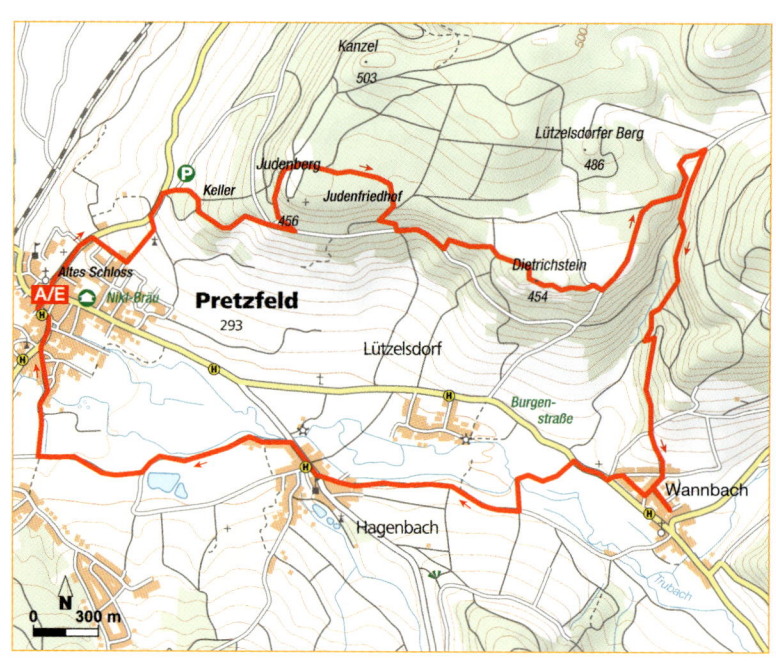

Richtung Pretzfelder Keller gehen. Nun etwas bergan und bald haben wir die Gastwirtschaft mit dem großen Biergarten erreicht. Vom Biergarten bietet sich eine atemberaubende Aussicht ins Wiesenttal, nach Forchheim und Ebermannstadt.

An den Eingängen der im Eisensandstein angelegten zahlreichen Vorratskeller vorbei, erreichen wir den Judenberg. Kurz danach liegt rechts der Judenfriedhof (aus dem 16./17. Jh.) mit 216 Grabsteinen. Unser Weg führt durch Mischwald, wo im Frühling unzählige Buschwindröschen blühen. Wir treffen auf einen Querweg im Wald, biegen hier nach links ab (zwei stilisierte Kirschen als Symbol für den Naturlehrpfad Kirschenweg) und erreichen durch Buchenwald eine große Waldwiese. Hier halten wir uns rechts und gelangen zwischen Wiese und Wald zu einer Kreuzung mit drei Wegweisern. Wer abkürzen möchte, wählt die Richtung nach Lützelsdorf; wir aber folgen der Richtung nach

Vom Kirschenweg bietet sich eine wunderschöne Aussicht auf Pretzfeld.

Wannbach und gehen zunächst geradeaus weiter. Wir treffen auf den Wegweiser Dietrichstein, halten uns hier rechts und kommen zu einer Felsnase mit wunderbarer Aussicht sowie einer weiteren Lehrtafel. Der Burgstall wird auch als Ruine Dietrichstein (Diederichstein) bezeichnet und war eine Adelsburg über dem Trubachtal, die erstmals 1355 urkundlich erwähnt wurde. Kindern bringt es sicher Spaß, nach den versteckt gelegenen Mauerresten der Burg zu suchen ...

Wir setzen unseren Weg im Wald fort, treffen auf einen Plattenweg, biegen nach rechts, dann links und folgen dem Wegweiser Kirschenweg Wannbach auf einem Asphaltweg leicht abwärts. Beim nächsten Wegweiser mit diesem Namen schwenken wir nach rechts, gehen auf einem Pfad durch eine Kuhle, biegen nochmals rechts ab und wandern nun auf einem breiten Waldweg hinab zur Lehrtafel Nr. 8. Von hier ab führt der Weg nun auf einem steinigen Wurzelpfad steil herunter zum Ufer des Weißenbachs, wo die Lehrtafel Nr. 9 über die Entstehung der Kalksinterterrassen informiert. Von hier führt unser Weg aufwärts, dann abwärts zur Kirche in Wannbach. Diese wurde am 2. Juli 1933 eingeweiht, weshalb hier immer am ersten Sonntag im Juli das Kirchweihfest gefeiert wird. Zur Kirchweih im Jahr 1999 erhielt die Kirche zur Erinnerung an Johannes den Täufer den Namen Johanneskirche.

Wir folgen zunächst der Straße nach Pretzfeld und gelangen dann am Ortsausgang von Wannbach auf ein Asphaltsträßchen. Nach links bietet sich eine großartige Aussicht über die Felder zu blühenden Kirschplantagen. Wir folgen unserem Asphaltband bis zu einer Bank und wechseln dort auf einen Schotterweg, auf dem wir nach einem Linksschwenk zu einer Brücke über die Trubach kommen, die wir überqueren (Schild »Fischwassergrenze«). Wir treffen auf ein weiteres Sträßchen, biegen nach rechts und kommen an der Lehrtafel Nr. 11 an der Trubach vorbei. Strömungsreiche Abschnitte der Trubach beherbergen Bachforellen und stellenweise auch Flusskrebse. Mehrere Libellenarten haben hier ihren Lebensraum, zu denen Blaugrüne Mosaikjungfer, Gebänderte Prachtlibelle und Blauflügel-Prachtlibelle gehören.

In der weiten Talaue der Trubach liegt das Dorf Hagenbach, wo wir auf die Dorfstraße treffen. Hier befinden sich eine Infotafel und eine Bushaltestelle. Zentrum des Ortes ist das Schloss, das von einer gut erhaltenen Mauer umgeben ist. Hier biegen wir nach links ab (gegenüber dem Gasthof Richter) und wandern auf einem Asphaltsträßchen zwischen Kirschplantagen zu einem Teich. Dort schwenken wir nach links und gelangen zu einem Pfahl mit Wegweiser, wo wir nach rechts abbiegen und auf einem Rad-/Fußweg weiterwandern. Nach dem Überqueren einer Brücke gelangen wir zurück zur Kirche in Pretzfeld.

Kalksinterterrassen am Weißenbach

Eine Lehrtafel informiert über die Geologie dieses Baches mit seinen Kalktuffablagerungen. In seinem oberen Abschnitt hat der Weißenbach Stufen aus Kalktuff gebildet, die 5000 bis 10 000 Jahre alt sind. Beim Austritt des kalkreichen und mit Kohlensäure gesättigten Quellwassers entweicht das Kohlendioxyd, der Kalk hingegen wird als feiner Kalksteinsinter ausgefällt. Er lagert sich um Moose, Blätter sowie kleine Pflanzen herum ab, sodass im Lauf der Zeit kleine Sinterbecken und kissenförmige Lager entstehen. Im feuchten Zustand sehr weich, erhärten sie sich beim Austrocknen. Die Sinterbecken sind z. B. ein optimaler Lebensraum für die Larven des Feuersalamanders.

teilen sich in zwei Gruppen auf und müssen ihre Blattläuse nacheinander zärtlich streicheln. Gefällt es der Blattlaus, gibt sie leckeren Honigtau an die Ameise. Nun ist die nächste Ameise an der Reihe.

Eine Waldmurmelbahn bauen

Dazu suchen wir im Wald am besten große längliche Baumrinden. Diese legen wir an einem Steilhang so untereinander, dass eine lange Bahn entsteht.
Im Herbst können wir nun Kastanien herunterkullern lassen. Sollten wir keine Kastanien finden, so eignen sich natürlich auch Walnüsse oder Murmeln dafür.

Regatta

An einem Bach markieren wir eine ungefährliche Strecke. Aus einem Stück Rinde, einem Stöckchen als Mast und einem Blatt als Segel lassen sich einfache Boote bauen. Diese lassen wir ins Wasser und beobachten, ob sie seetauglich sind und welchen Weg sie nehmen.

Die Käferperspektive

Das Spiel soll uns einen Einblick in die Perspektive eines Käfers geben. Dazu

»Auf die Stämme, fertig, los!«

benötigt jeder Spieler einen kleinen Handspiegel. Wir gehen nun am Waldrand oder im Wald auf einem Weg ohne Stolperfallen entlang, indem wir uns den Spiegel unter die Augen halten. Somit geht unser Blick nach oben in die Baumkronen.

Natur-Memory

Ein Erwachsener sammelt unterwegs zehn Gegenstände aus der Natur, ohne dass es die Kinder bemerken. Die Gegenstände werden nun auf den Boden gelegt und mit einem Tuch zugedeckt. Die Kinder dürfen nun unter das Tuch schauen und sich ca. 20 Sekunden lang alle Gegenstände einprägen, bevor sie losgehen und dieselben Gegenstände in der Umgebung suchen.

Nervenkitzel in schwindel-
erregender Höhe

Ganz oben und ganz unten:

Schluchten, Felsen, Kletterwälder

18 Auf dem Edelweißweg

Vom Main hinauf zu herrlicher Aussicht

| mittel | 8 km | 230 m | 3 Std. |

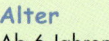

Alter
Ab 6 Jahren

Tourencharakter
Kleiner Pfad hinauf durch eine Schlucht, dann Höhenwanderweg mit herrlicher Aussicht auf das Maintal

Ausgangs-/Endpunkt
Parken an der B 19 zwischen Karlstadt und Germsdorf

Anfahrt
Bahn: Bis Bahnhof Karlstadt; weiter mit dem Taxi zum Parkplatz, Taxi Duhnke, Tel. 09353/25 46. Auto: A 3 bis Ausfahrt Würzburg; weiter auf der B 26 an Karlstadt vorbei Richtung Gemünden; etwa 1,5 km nach dem Ortsschild Karlstadt rechts auf dem ersten Feldweg parken

GPS-Koordinaten
49.982220, 9.767717

Karte
Fritsch Wanderkarte 1:50 000, Main – Spessart Nr. 88

Einkehr
Falteshütte, Tel. 09353/ 98 30 30, www. falteshuette.de, derzeit wg. Renovierung geschlossen (Stand 01/21)

Information
Tourist-Info Karlstadt, Tel. 09353/90 66 88, www.karlstadt.de

Der Edelweißweg ist wie geschaffen für Kinderbeine. Wie von allein tragen uns die Füße auf einem verwunschenen Pfad durch eine kleine Schlucht bergauf. Der Höhenweg bietet herrliche Tiefblicke ins Maintal. Wunderschöne Föhren versprühen ein mediterranes Flair.

Ein spannender Weg ist das Ziel jeder Wanderung. Der Edelweißweg ist spannend und bietet zudem herrliche Tiefblicke ins Maintal. Ein steiler Pfad führt uns zunächst durch eine eindrucksvolle Schlucht hinauf zum Edelweißweg. Über den Höhenweg gelangen wir zu einem großen, aus Metall geschmiedeten Edelweiß. Im Naturschutzgebiet Grainberg-Kalbenstein fühlt man sich wie auf einem südländischen Sonnenberg. Wunderschöne Föhren prägen das Bild auf dem Hochplateau und säumen den Pfad, der sich an der Bergkante entlangschlängelt. Immer wieder laden Bänke zu einer Brotzeitpause ein, die im Schatten der Föhren stehen. Unser Rundweg führt an Weinbergen vorbei und über einen schmalen Pfad durch den Fels wieder zurück zum Höhenweg und zur Schlucht. Wer Lust auf Abenteuer hat, kann den Lenzsteig, einen kleinen Klettersteig, der vom Alpenverein Würzburg angelegt wurde, gehen. Er ist ideal, um Anfängern die Welt des Klettersteigs schmackhaft zu machen. Allerdings sind dabei einige Dinge zu beachten. Zum einen ist der Klettersteig nur bei Trockenheit begehbar, zum anderen empfehlen wir wegen der Steinschlaggefahr und zur Sicherung ein Klettersteigset mit Helm. Voraussetzung ist ebenfalls, dass die Eltern Erfahrung im Klettern mitbringen.
Wir befinden uns in einem Landschaftsschutzgebiet, an dessen Hinweisschild unsere Wanderung beginnt. Nach etwa 20 Metern führt der Feldweg geradeaus in die Weinberge. Wir nehmen den kleinen Pfad, der links neben dem Feldweg in eine Schlucht führt. Nach einigen Metern sehen wir ein Holzschild, das uns den Hinweis auf den Edelweißweg gibt. Am Ende der Schlucht gelangen wir auf einen Höhenweg, den wir links, in nördlicher

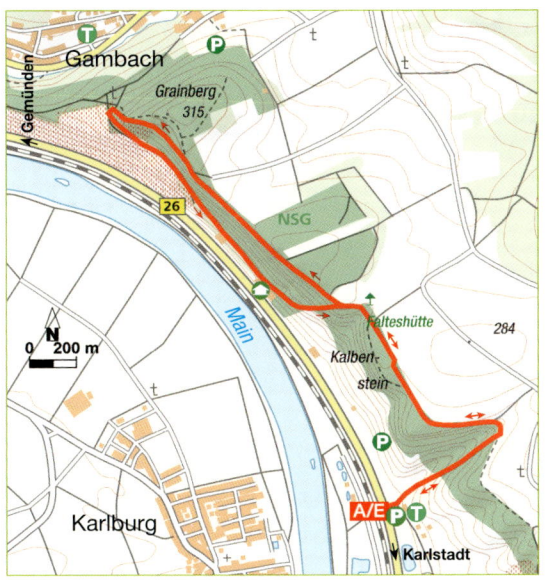

Richtung, weitergehen. An den Bäumen sehen wir die Markierungen des Mainweges mit einem blauen M und einem schwarzen K auf einem Reichsapfel, die uns nun begleiten. Der Wanderweg geht weg vom breiten Hauptweg, schlängelt sich als Pfad durch Föhren immer am Hang entlang und bietet einen wunderschönen Blick auf das Maintal. Vor dem aus Metall geschmiedeten Edelweiß ist besondere Vorsicht geboten, da der Weg hier teilweise an einer Steilkante entlanggeht. Am Kunstwerk angekommen finden wir schöne Rastplätze. Unser Weg führt uns weiter, erst noch eine Weile auf der Hochfläche, dann in kleinen Serpentinen hinunter in den Wald. Wir folgen nun auf unserem Rundweg dem Schild Richtung Falteshütte. Der Weg führt uns oberhalb des Grambacher Weinberges zuerst auf einem breiten Wanderweg, dann weiter auf einem kleinen Pfad hinunter zur Falteshütte, die zur Rast einlädt. Wer weitergehen möchte, nimmt den Pfad mit der Beschilderung zum Lenzsteig. Nach einigen Metern folgen wir dem Edelweiß-Wegweiser, der uns wieder hinauf zum Hochplateau bringt. Ab hier nehmen wir den Weg zurück über den Höhenweg und hinunter durch die Schlucht zum Ausgangspunkt.

Gemütlicher Pausenplatz auf dem Edelweißweg

Tipp

Wenn Sie im Frühjahr oder Herbst unterwegs sind, sollten Sie unbedingt nach der Tour in einer Heckenwirtschaft vorbeischauen. Hier lädt der Winzer in seine Stube ein und bietet den Gästen seinen eigenen Wein und selbst gemachte Brotzeit an. Einen Kalender mit den Öffnungszeiten aller Heckenwirtschaften in Unterfranken finden Sie unter www.heckenwirtschaft-info.de.

19 Zu den Heilquellen nach Wildbad

Im Wald der Grolle

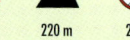

| leicht | 6 km | 220 m | 2 Std. |

Alter
Ab 5 Jahren

Tourencharakter
Kleine Waldwege führen uns entlang einer Schlucht hinauf zur Frankenhöhe bis zum Wildbad; anschließend geht es über Streuobstwiesen nach Burgbernheim.

Ausgangs-/Endpunkt
Bahnhof Burgbernheim-Wildbad

Anfahrt
Bahn: Bis Bahnhof Burgbernheim-Wildbad. Auto: B 13 nach Burgbernheim; weiter zum Parkplatz am Bahnhof Burgbernheim-Wildbad

GPS-Koordinaten
49.443128, 10.312600

Karte
Bayrisches Landesvermessungsamt, Naturpark Frankenhöhe 1:50 000 UK 50-16/17

Einkehr
Waldgasthof Wildbad, Tel. 09843/13 21, www.waldgasthof-wildbad.de, Dienstag Ruhetag

Information
Tourist-Info Burgbernheim, Tel. 09843/309-34, www.burgbernheim.de

Auf den Spuren der fränkischen Waldgeister wandern wir entlang einer kleinen Schlucht in einem von Bachläufen durchzogenen Mischwald. Beschwingt laufen wir auf dem leicht federnden Waldboden zum ehemaligen Kurbad mit Heilquellen.

Auf der Frankenhöhe finden wir einen typischen Grolle-Wald, der im Frühjahr nach Bärlauch duftet. Grolle sind kleine Waldwesen, etwa so groß wie Eichhörnchen. Sie haben eine lange und krumme Nase, große Ohren und riesige Augen, die leuchten, wenn es dunkel ist. Die Jungs haben eine rote Latzhose und Turnschuhe an und einen Schlapphut auf dem Kopf. Die Mädels tragen Latzröcke mit Turnschuhen und Schlapphut und sehen ihren männlichen Artgenossen sehr ähnlich. Zum Essen lieben sie alles, was stinkt und sehr scharf ist. So gehören Knoblauch, Zwiebeln und Stinkerkäse zu ihren Leibspeisen. Da kommt es dann auch mal vor, dass sich die Grolle in die Speisekammer des Wirtshauses Wildbad schleichen und sich einen Stinkerkäse

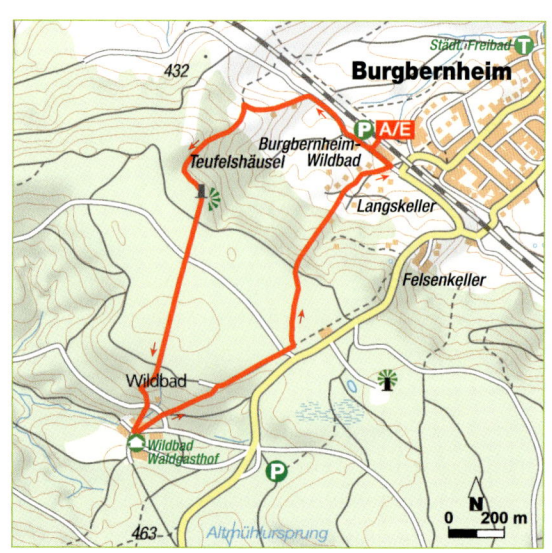

holen, den der Wirt »Handkäs mit Musik« nennt. Doch auf unserm Weg zum Wildbad müssen wir gut achtgeben, denn die kleinen Waldwesen sind immer ganz aufmerksam und haben einen ausgeprägten Gerechtigkeitssinn. Ist jemand frech oder zerstört etwas sinnlos, dann ziehen sie denjenigen an den Ohren, piksen ihn in den Po oder zwicken ihn an den Zehen. Doch wenn jemand nett ist, so helfen sie ihm. Für uns bleiben sie dabei jedoch immer unsichtbar. Solltet ihr nun neugierig auf diese kleinen Wesen und ihre spannenden Geschichten geworden sein, dann können euch eure Eltern schon zu Hause aus dem Buch »Gscheid was los im Wald der Grolle« von Ulrich Rach vorlesen.

Tipp

An heißen Tagen sollten Sie nach der Tour das Freibad Burgbernheim besuchen.

Unsere Wanderung beginnt am Bahnhof Burgbernheim-Wildbad. Wir gehen nach Norden in den Hungerbrunnenweg und folgen dem Schild »Nr. 7« entlang der Gleise und nach etwa 200 Metern links hinauf in den Wald. An einer Lichtung gehen wir nicht den breiten Waldweg weiter, sondern nehmen den Pfad etwa 10 Meter nebenan, der uns an einer Bank mit Kruzifix vorbei in den Wald führt. Der Pfad schlängelt sich entlang eines Baches und einer kleinen Schlucht weiter bergauf, bis wir zur Aussichtskanzel Teufelshäuschen gelangen. Ein gelbes Schild weist uns den Weg nach Wildbad. Am Ende des Höhenweges steigen wir einige Stufen hinunter zum Waldgasthof Wildbad.

Nach der Einkehr und dem Erkunden der Heilquellen des alten Kurbades Wildbad nehmen wir den direkten Weg zurück nach Burgbernheim. Der Einstieg befindet sich etwa 20 Meter neben unserem Pfad, auf dem wir gekommen sind, und ist mit einem Schild Richtung Burgbernheim markiert. Der Waldweg führt teilweise über Stufen bergauf. Wir stoßen auf einen Feldweg, den wir überqueren. Danach führt uns ein gelbes Schild »Burgbernheim über Langskeller« auf einen schmalen Pfad, der uns, teils mit kleinen Stufen, durch den Wald führt. Am Langskeller geht es hinunter in den Ort. Wir folgen der Fahrstraße etwa 300 Meter bergab und stehen vor der Unterführung am Bahnhof.

Rechte Seite: der idyllisch gelegene Waldgasthof Wildbad

20 Von Hechlingen auf den Kappelbuck

Imposanter Schluchtenweg zur Katharinenkapelle

| leicht | 3 km | 110 m | 1 Std. |

Alter
Ab 4 Jahren

Tourencharakter
Schluchtähnlicher Hohlweg, über Stufen durch den Wald

Ausgangs-/Endpunkt
Bahn/Bus: Haltestelle Hechlingen Rathausplatz. Auto: Parkplatz am Forellenhof

Anfahrt
Bahn/Bus: Ab Bhf. Gunzenhausen Bus 649, ab Bhf. Treuchtlingen Bus 887 nach Hechlingen, Haltestelle Rathausplatz (nur werktags). Auto: A 6 bis Ausfahrt Gunzenhausen; B 466 über Gunzenhausen Richtung Nördlingen bis Ostheim; den Wegweisern nach Hechlingen folgen; in Hechlingen erste Straße rechts zum Forellenhof

GPS-Koordinaten
48.979512, 10.743169

Karte
Landesamt für Vermessung und Geoinformation 1:50 000, Fränkisches Seenland

Einkehr
Forellenhof, Tel. 09833/ 705, www.forellenhof-hechlingen.de

Information
Tourist-Info Heidenheim, Tel. 09833/9813-30, www.hahnenkamm.de

An klaren Tagen schweift auf dieser kurzweiligen und aussichtsreichen Wanderung der Blick im Westen hinüber zum Hesselberg und zum Daniel, dem bekannten Nördlinger Kirchturm im Ries. Der Hahnenkammsee lädt anschließend zu einer Erfrischung ein.

Das Wahrzeichen des fränkischen Dorfes Hechlingen, das als alemannischer Ort im 4. Jahrhundert gegründet wurde, ist die Ruine der Katharinenkapelle. Diese wurde im 15. Jahrhundert erbaut und der heiligen Katharina von Alexandrien geweiht. Als beliebter Wallfahrtsort erlangte die Kapelle schnell Berühmtheit. Jetzt steht hier nur noch eine Ruine mit einem hölzernen Glockenturm, die sich jedoch stimmungsvoll in die Landschaft der typischen Trockenrasenvegetation der Südlichen Frankenalb einbettet. Unser Wanderweg führt durch eine Schlucht. Der

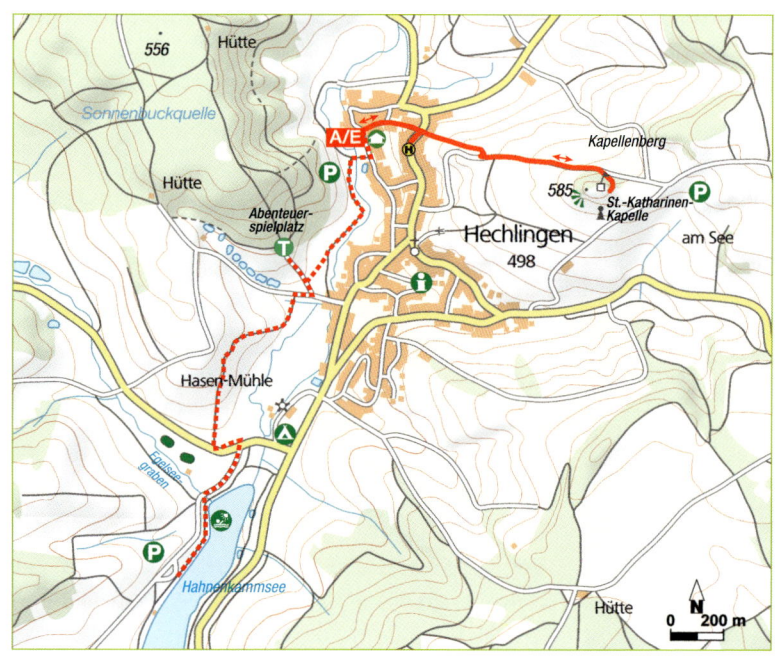

Hohlweg ist ein alter Weg der Landwirte. Fuhrwerke und Pferdehufe haben immer wieder das Erdreich des Weges abgetragen, das dann zu Tal geschwemmt wurde. Immer tiefer grub sich der Weg ein, bis eine Schlucht daraus entstand, die von neun Meter hohen Felswänden und von Laubbäumen gesäumt wird. Spannende Tafeln erzählen beim Anstieg detailliert von der Entstehung dieses Weges. Nachdem wir dann über weite Wiesen und Felder gelaufen sind, gelangen wir zu einem alten Bierkeller, der von der ehemaligen Hechlinger Brauerei zur Nachgärung und Lagerung des Bieres genutzt wurde. Heute nistet sich dort die eine oder andere Fledermaus ein, die hier ihren Winterschlaf hält. Über einige Stufen geht es nun hinauf zur Katharinenkapelle. Großartig ist von hier oben der Ausblick, nach Westen über Hechlingen und den Hahnenkammsee bis hinein in das Nördlinger Ries. Ein Badeausflug zum Hahnenkammsee an warmen Sommertagen bietet Ihren Kindern ein erfrischendes

Ein Sprung in den erfrischenden Hahnenkammsee nach der Tour

67

Vergnügen. Weite Liegewiesen unter schattigen Bäumen und ein Sandstrand, der zum Bauen von Burgen einlädt, sowie ein Kiosk mit Tretbootverleih, ein Kinderspielplatz und ein Grillplatz bieten ideale Bedingungen für Familien. Mit dem Auto ist der See in wenigen Minuten von Hechlingen aus zu erreichen, für Bahn- und Busfahrer sind es noch etwa 40 Minuten Gehzeit auf einem ausgeschilderten Fuß- und Radweg.

Bahn- und Busfahrer gehen zunächst entlang der Hauptstraße in nördlicher Richtung bis zur Tankstelle. *Autofahrer* folgen den Wegweisern »Hechlinger Hohlweg, Katharinenkapelle« rechts in die Schafgasse bis zur Hauptstraße an die Tankstelle. Nun gehen wir durch den Torbogen des Hohlweges bergauf durch die Schlucht. Am Ende des Hohlweges gelangen wir auf einen geteerten Fahrweg, dem wir weiter bergauf folgen. Am Waldrand angelangt geht es auf dem Waldweg zum Bierkeller. Von dort steigen wir noch einige Stufen zur Katharinenkapelle hoch. Auf demselben Weg geht es dann zurück zu unserem Ausgangspunkt.

»Volle Kraft voraus!«

Linke Seite: die Ruine der Katharinenkapelle

Tipp

Der sehr schön angelegte Abenteuerspielplatz am Waldrand bietet allerlei zum Entdecken und Ausprobieren für Ihre Kinder und ist unbedingt einen Besuch wert. Der Weg dorthin ist vom Forellenhof ausgeschildert und zu Fuß auf einem Wanderweg am Ortsrand in etwa 15 Minuten zu erreichen. Mit dem Auto fahren Sie zum südlichen Ortsrand und folgen dem Wegweiser »Parkplatz-Kinderspielplatz«.

21 Abenteuerwald am Brombachsee

Wie Tarzan über den See

leicht bis schwer | 1 km | Bahn/Bus: 25 m | 2–3 Std. Verweildauer

Alter
Ab 6 Jahren

Tourencharakter
Klettergarten mit Seilrutsche über den Igelsbachsee

Ausgangs-/Endpunkt
Bahn/Bus: Haltestelle Enderndorf Seeufer. Auto: Parkplatz Barfuß-Wonnen-Weg bei Spalt am Brombachsee

Anfahrt
Bahn/Bus: Bis Bhf. Roth; mit dem Brombachsee-Express Bus 605 bis Haltestelle Enderndorf Seeufer, 01.05 bis 01.11 an Sa–So/Fei, Tel. 0911/ 989 78 10. Auto: A 8 bis Allersberg; weiter nach Roth; B 2 Richtung Gunzenhausen nach Röthenbach; dort nach Spalt; in Spalt nach Enderndorf zum Parkplatz Barfuß-Wonnen-Weg

GPS-Koordinaten
49.144394, 10.914015

Karte
Landesamt für Vermessung und Geoinformation 1:50 000, Fränkisches Seenland

Einkehr
Gaststätten und Cafés in Enderndorf und am Igelbachsee

Information
Abenteuerwald Enderndorf, Tel. 09175/90 72 57, www.enderndorf.abenteuer-wald.com

Die Attraktion im Abenteuerwald Enderndorf ist Deutschlands längste Seilrutsche. Wie Tarzan können Sie 500 Meter über den Igelsbachsee rauschen und dabei einen grandiosen Ausblick genießen.

Ein außergewöhnliches Klettererlebnis in den Bäumen erwartet Sie beim Besuch des Abenteuerwaldes Enderndorf. Hierbei handelt es sich um einen Erlebnis-Kletterpark, der in einen natürlichen Waldbestand integriert ist. Die Kletteranlage bietet auf sieben Stationen unterschiedliche Übungen und verschiedene Schwierigkeiten sowie Höhen an. Der Entdeckungsparcours ist für Kinder ab 6 Jahren in Begleitung eines Erwachsenen konzi-

piert, der große Parcours ist für Erwachsene sowie für Jugendliche und Kinder ab einer Körpergröße von 1,40 Metern vorgesehen. Kinder ab 12 Jahren dürfen alleine klettern, müssen aber von einer Aufsichtsperson begleitet werden. Bestimmt findet jeder im Abenteuerwald seine persönliche Herausforderung. Unter den verschiedenen Schwierigkeitsstufen warten über 40 verschiedene mehr oder weniger anstrengende Aktivitäten im Kletterwald auf Sie, wobei die Seilrutsche über den Igelsbachsee wohl einer der Höhepunkte sein wird.

Links: Klettern zwischen den Baumwipfeln ist ein besonderes Erlebnis.

Unten: Jetzt wird's spannend.

Tipp

An heißen Tagen kann man eine Erfrischung im See an einem der vielen Sandstränden genießen.

22 Durch die Schwarzach-klamm

Bizarre Felsen und Höhlen

Die Schwarzachklamm zählt wohl zu den imposantesten Schluchten im Nürnberger Umland. Hier hat sich die Schwarzach auf einer Strecke von zwei Kilometern durch den rosaroten Burgsandstein gearbeitet und dabei wahre Kunstwerke geschaffen.

| leicht | 6,5 km | 70 m | Bahn/Bus: 3 Std. Auto: 2.30 Std. |

Alter
Ab 5 Jahren

Tourencharakter
Durch die Schwarzachklamm, Rückweg auf einem Höhenweg über der Schwarzachklamm

Ausgangs-/Endpunkt
Bahn/Bus: Haltestelle Schwarzenbruck Plärrer. Auto: Parkplatz Faberwehr in der Dürrenhembacher Straße

Anfahrt
Bahn/Bus: Bis Bhf. Ochenbruck; mit Bus 502 oder BurgthannShuttle – Taxi unter Tel. 0800/ 800 16 18 – zur Haltestelle Schwarzenbruck Plärrer. Auto: A 73 bis Ausfahrt Feucht; weiter nach Schwarzenbruck; den Schildern Waldparkplatz folgen; am Faberwehr parken

GPS-Koordinaten
49.355418, 11.241052

Karte
Fritsch Wanderkarte 1:50 000, Frankenalb im Nürnberger Land Nr. 80

Einkehr
Waldschänke Brückkanal, Tel. 09128/43 26, www.brueckkanal.com

Information
Tourist-Info Schwarzenbruck, Tel. 0911/94 15 10, www.frankentourismus.de

Die Wanderung durch die Schwarzachklamm lässt uns eintauchen in eine Kulisse, die allein aus der Kraft des Wassers entstanden ist. Die Schwarzach hat hier wunderschöne Formen aus dem Burgsandstein gewaschen, die das Interesse der Kinder wecken. Felstore, Felswände und Höhlen bieten viele Möglichkeiten zur abenteuerlichen Erkundung. Elterliche Begleitung und Trittsicherheit der gesamten Familie sind vorausgesetzt.

Der abwechslungsreiche Weg führt uns meist direkt an der Schwarzach durch romantischen Mischwald. Am Ende der Schlucht bringen uns Stufen hinauf zum Brückkanal. Nach einer Einkehr im gleichnamigen Gasthaus gehen wir über die alte Ka-

nalbrücke. Sie führt den historischen Ludwig-Donau-Main-Kanal mit einer beeindruckenden Bogenkonstruktion über die Schwarzach und galt seinerzeit als Paradestück der Bauten am Ludwigskanal. Unser Rückweg bringt uns zunächst an Wiesen vorbei auf einem Höhenweg durch lichte Föhrenwälder mit Blaubeersträuchern und Birken. Hier denkt man sofort an die weiten Wälder Skandinaviens. Der Höhenrückweg über der Schwarzachklamm verspricht beeindruckende Tiefblicke in die romantische Schlucht, bevor es wieder zur Schwarzach zurückgeht.

Bahn- und Busfahrer folgen von der Bushaltestelle aus den Wegweisern Richtung Faberschloss, Waldparkplatz in die Dürrenhembacherstraße und gehen dann rechts in den Hirtenweg. *Autofahrer* überqueren die Schwarzach und folgen der Straße ein

Felsentor in der
Schwarzachklamm

Linke Seite: die wildromantische
Schwarzachklamm

Stück bergauf, bevor sie links in den Hirtenweg biegen. Nun folgen alle dem Wegweiser »Wanderweg Schwarzachtal«. Der Weg führt uns durch die Flussauen. Wir folgen dabei immer dem blauen Kreuz als Markierung sowie dem Wegweiser »Weg 1«. Dabei ignorieren wir zweimal Wege, die links abzweigen. Wir überqueren die Brücke über die Schwarzach zweimal und passieren das erste Schluchtstück. Nachdem wir an einer Siedlung vorbeigegangen sind, kommen wir an einer alten Steinschleiferei vorbei. Über einen längeren mit Felsen, Felstoren und Höhlen durchsetzen Wegabschnitt gelangen wir zum Gasthaus Brückkanal.

Wir überqueren die Kanalbrücke des historischen Ludwig-Donau-Main-Kanales. Gleich darauf folgen wir links dem Wegweiser »Weg 4« an den Hochufern der Schwarzachklamm entlang. Zunächst gehen wir auf einem breiten Schotterweg. Dann zweigt links ein schmaler Waldweg ab, der zwischenzeitlich wieder auf den breiten Schotterweg führt, sogleich aber wieder links abzweigt.

An einer Weggabelung folgen wir links dem Wegweiser »Weg 1, Gustav-Adolf-Höhle« bergab in die Schlucht. Wir überqueren die Schwarzach erneut auf einer Brücke und folgen dem Schluchtweg rechts mit dem blauen Kreuz als Markierung sowie dem Wegsymbol für Fußgänger. Die restliche Wegstrecke ist uns bereits vom Hinweg bekannt.

Tipp

In den heißen Sommermonaten Juli und August hat diese Tour Besonderes zu bieten. Zum einen ist es auf dem Hinweg in der Schlucht schattig und kühl, zum anderen warten auf dem Rückweg die reifen Blaubeeren darauf, gepflückt zu werden.

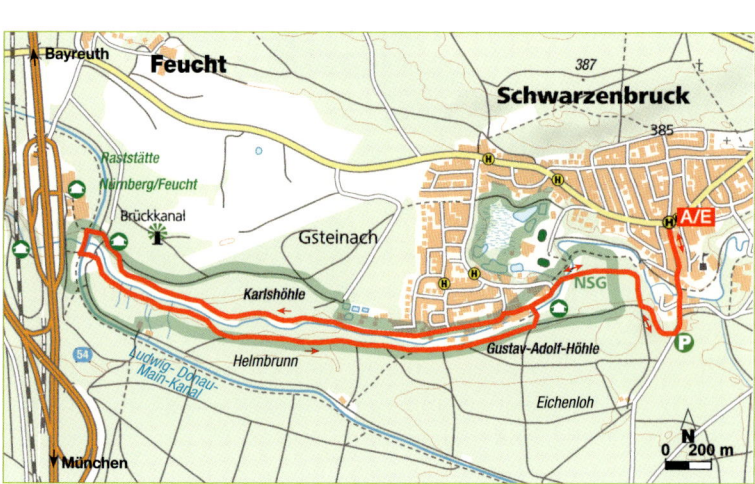

Rechte Seite: verborgene Abenteuerplätze im Buntsandstein

23 Wanderung zum Totenstein

Felskanzel hoch überm Leinleitertal

mittel	11 km	110 m	2.45 Std.

Alter
Ab 10 Jahren

Tourencharakter
Vorwiegend bequeme Wege im Schatten oder am Waldrand, vom Totenstein sehr steiler Abstieg durch Buchenwald, bei Feuchtigkeit schwierig, da rutschig

Ausgangs-/Endpunkt
Veilbronn, Wanderparkplatz

Anfahrt
Bahn/Bus: Busverbindung mit Ebermannstadt und Heiligenstadt. Bahn bis Ebermannstadt, dann Bus 230. Auto: Autobahn A 70, Abfahrt Schirradorf oder Stadelhofen, über Heiligenstadt nach Veilbronn

GPS-Koordinaten
49.843393, 11.197278

Einkehr
Landhaus Sponsel-Regus, Veilbronn 9, 91332 Heiligenstadt, Tel. 09198/222, www.sponsel-regus.de, Schwimmbad im Haus

Karte
Fritsch Wanderkarte 1:50 000, Naturpark Fränkische Schweiz – Veldensteiner Forst – Hersbrucker Alb, Blatt Süd

Information
Verkehrsbüro Heiligenstadt/Ofr., Tel. 09198/92 99 32, www.markt-heiligenstadt.de

Durch das stille Leinleitertal führt ein schöner Wanderweg nach Unterleinleiter, einem beschaulichen Örtchen. Auf der anderen Seite des Tales schwingt er sich hinauf zum sagenumwobenen Totenstein, wo die Anstrengung mit herrlicher Aussicht in das Leinleitertal belohnt wird. Wer ist wohl als Erster oben auf der Bank?

Wir starten am Wanderparkplatz und wenden uns am Wegweiser nach rechts in Richtung Unterleinleiter. Am Ortsausgang von Veilbronn biegen wir in den rechts abzweigenden Pfad ein (Wegweiser Ebermannstadt, Unterleinleiter, Markierung gelber Querstrich), der unterhalb der Almrauschhütte auf einen befestigten Waldweg mündet. Hier halten wir uns rechts und gelangen auf einer schmalen Asphaltstraße nach Unterleinleiter mit seinem Schloss und schöner Parkanlage. Dort überqueren wir die Brücke über die Leinleiter, gehen nach links, biegen rechts in die Kirchstraße und kommen über Steinweg zur Dürrbrunner Straße. Dort wenden wir uns nach rechts und folgen dem Wegweiser Höhenweg Veilbronn, Dürrbrunn, Kalteneggolsfeld (Markierung grünes

Die Sage vom Totenstein

Seinen Namen verdankt der Totenstein dem Ritter Hans Wilhelm von Streitberg aus Veilbronn, der sich von hier aus Gram in die Tiefe stürzte. Nachdem sein Stammhalter als Baby gestorben war, schenkte ihm seine Frau eine Tochter. Am gleichen Tag gebar die Frau des Webers einen prächtigen Sohn, gegen den der Ritter seine Tochter gegen viel Geld eintauschen wollte. Da der Weber auf diesen Handel nicht einging, wurde aus dem ehrenwerten Ritter ein labiler Mensch, der schließlich keinen anderen Ausweg wusste.

Kreuz und grüner Kreis). An der folgenden Gabelung halten wir uns wieder rechts und kommen zu einem Abzweig mit Bank.

Wir wandern auf der Asphaltstraße zwischen Feldern und Wiesen geradeaus weiter bis zu einem Wegweiser am Waldrand. Hier verlassen wir die Straße und gehen geradeaus bis zu einer eingezäunten Schonung. Dort biegen wir nach rechts (Markierung gelber Punkt) und auf der folgenden Asphaltstraße wieder rechts ab, halten uns dann nach links und kommen nach Volkmannsreuth.

Mit dem Kinderwagen unterwegs

Für Kinderwagen geeignet ist der asphaltierte Radwanderweg auf dem Maintalradweg vom Wanderparkplatz in Veilbronn bis nach Unterleinleiter.

Das Leinleitertal bei Veilbronn verwandelt sich im Frühling in ein Mohnblütenmeer.

Im Ort finden wir den Wegweiser Veilbronn und wandern nun zunächst auf einem reizvollen Wiesenweg, der später in den Wald führt, aufwärts zum Totenstein – früher Schauplatz eines Dramas, heute beliebter Kletterfelsen und herrlicher Aussichtsplatz übers Leinleitertal und Veilbronn.

Vom Totenstein führt ein Pfad steil bergab und mündet auf die Asphaltstraße im schönen Leinleitertal, das im Frühsommer von blühenden Mohnblumen rot gefärbt ist. Hier halten wir uns rechts und schwenken schließlich bei der Brücke nach links zum bekannten Ausgangspunkt am Wanderparkplatz.

24 Vom Schnepfenstein zum Hummerstein

Weiter Zweitälerblick

mittel | 11 km | 153 m | 3.30 Std.

Alter
Ab 8 Jahren

Tourencharakter
Steiler Anstieg von Gasseldorf zum Hummerstein, sehr steiler Abstieg vom Klebfelsen nach Unterleinleiter

Ausgangs-/Endpunkt
Unterleinleiter, Ortsmitte

Anfahrt
Bahn/Bus: Busverbindung mit Ebermannstadt und Heiligenstadt. Bahn bis Ebermannstadt, dann Bus 230. Auto: Autobahn A 70, Abfahrt Schirradorf oder Stadelhofen, über Hollfeld nach Unterleinleiter

GPS-Koordinaten
49.822923, 11.191205

Einkehr
Bei Laki, Gasseldorfer Str. 2, 91320 Gasseldorf, Tel. 09194/382, www.bei-laki.de, Kindergerichte, Montag Ruhetag, versch. Öffnungszeiten, vorher anrufen

Karte
Fritsch Wanderkarte 1:50 000, Naturpark Fränkische Schweiz – Veldensteiner Forst – Hersbrucker Alb, Blatt Süd

Information
Verkehrsbüro Heiligenstadt/Ofr., Tel. 09198/92 99 32, www.markt-heiligenstadt.de

Beiderseits des Leinleitertales locken Aussichtspunkte, die auf bequemen Pfaden gut erreichbar sind. Vom bizarren Hummerstein reicht der Blick auch in das weite Wiesenttal, wo Ebermannstadt mit seinen beiden Kirchtürmen gut erkennbar ist.

Wir starten in der Ortsmitte von Unterleinleiter bei der Kirche, Ecke Kirchenstraße/Steinweg und folgen dem Wegweiser (Markierung gelber Punkt) auf der Straße Zum Schnepfenstein aufwärts. Durch Mischwald kommen wir zu einer Wiese, halten uns an der Gabelung links, erreichen eine Kreuzung und biegen hier nach links zum Schnepfenstein (463 m) ab. Jetzt gilt der Wegweiser nach Ebermannstadt (Markierung blauer Schrägstrich). An einer Wegkreuzung wechseln wir beim Wegweiser Gasseldorf zur Markierung grüner Senkrechtstrich. Auf breitem Waldweg mit kräuterreichem Wegrand kommen wir zu einer von bewaldeten Hängen umgebenen Wiese. Besonders schön ist das Bild im Frühjahr, wenn die dunklen Nadelbäume gegen das helle

Grün der Laubbäume einen schönen Kontrast bilden. Bald sehen wir die Häuser von Gasseldorf und steuern darauf zu. Im Ort gehen wir geradeaus, überqueren eine Brücke und am Gemeindeamt die zweite und folgen nun der Hummersteinstraße (Markierung gelbes Dreieck und gelber Strich), die wir bei der Zierlstraße verlassen und in den Waldweg (Sperrschild) gehen. Wir kommen zu einem breiten Schotterweg, schwenken nach links

und können mit dem roten Senkrechtstrich nach rechts einen Abstecher (5 Min.) zum Hummerstein (472 m) mit seiner markanten Silhouette unternehmen. Der Sage noch soll früher ein Hunne hier eine Burg errichtet haben – daher der Name. Hier ist Zeit für eine Pause. Kinder könnten einmal die Kirchtürme zählen, die sie von hier aus sehen.

Von dort zurück, folgen wir dieser Markierung weiter nach Unterleinleiter. Wir wandern auf schönem Waldrandweg weiter, biegen am Querweg nach links und kommen zum Abzweig in Richtung Klebfelsen. Dort wenden wir uns nach links (Markierung grünes Kreuz), schwenken an der folgenden Gabelung rechts (Wegweiser Klebfelsen), überqueren beim Sitzplatz eine Splittstraße und folgen dem Wegweiser nach Unterleinleiter auf steil abwärtsführendem Schotterweg. Im Ort gehen wir nach rechts die Glasleite entlang und steigen dann die Stufen (schwer zu sehen) links hinunter oder gehen auf der Asphaltstraße in den Ort, überqueren die Brücke über die Leinleiter und kommen zum Ausgangspunkt zurück. Jetzt können wir noch das Schloss Unterleitner besuchen.

Blick vom Hummerstein auf Gasseldorf und das Wiesenttal mit Ebermannstadt

Schloss Unterleinleiter

Schon aus der Ferne erkennt man auf der Höhe über dem Leinleitertal das Schloss Unterleinleiter. Als ehemaliges Senckendorff'sches Schloss bekannt, handelt es sich um eine Vierflügelanlage aus dem 16. Jahrhundert, die von einem weitläufigen sehenswerten Park umgeben ist. Heute befindet sich das Anwesen in Privatbesitz. Zu besichtigen ist der Park an bestimmten Tagen oder nach Terminabsprache. Außerdem bildet er im Sommer den stimmungsvollen Rahmen für Kulturveranstaltungen im Heckentheater oder auf der Waldwiese. Informationen dazu gibt es unter www.schlosspark-unterleinleiter.de oder unter Tel. 09194/17 41.

25 Durch die Bärenschlucht

Prähistorische Spuren im Felsental

| leicht | 6 km | 45 m | 1.45 Std. |

Alter
Ab 6 Jahren

Tourencharakter
Schöner Spaziergang auf bequemen Wegen

Ausgangs-/Endpunkt
Pottenstein, Städt. Verkehrsbüro/Kurverwaltung

Anfahrt
Bahn/Bus: Busverbindung mit Bayreuth. Bahn bis Bayreuth, dann Bus 397. Auto: Autobahn A 9, Ausfahrt Pegnitz-Grafenwöhr, auf B 2/B 470 nach Pottenstein

GPS-Koordinaten
49.776857, 11.402435

Einkehr
Gasthof Goldene Krone, Marktplatz 2, 91278 Pottenstein, Tel. 09243/924 30, www.goldene-krone-pottenstein.de, Mittwoch Ruhetag, Erholungsgarten mit Kinderspielplatz

Karte
Fritsch Wanderkarte 1:50 000, Naturpark Fränkische Schweiz – Veldensteiner Forst – Hersbrucker Alb, Blatt Süd

Information
Städtisches Verkehrsbüro/Kurverwaltung, Pottenstein, Tel. 09243/708 41, www.pottenstein.de

Von malerischer Felslandschaft umgeben, beeindruckt Pottenstein wegen seiner reizvollen Lage im Püttlachtal. Die Püttlach lädt zu Wasserspielen ein, und danach folgt ein Spaziergang durch die Bärenschlucht mit ihren imposanten Felsen. Hier lebten schon in prähistorischer Zeit Menschen.

Wir starten unsere Wanderung im Tal beim Fremdenverkehrsamt, gehen durch die Forchheimer Straße zur B470 und sehen auf der gegenüberliegenden Straßenseite schon einen Wegweiser Bärenschlucht, Weidmannsgesees, Pottenstein (Markierung roter Ring). Zunächst folgen wir der B470 in Richtung Tüchersfeld, Forchheim und verlassen sie nach etwa 200Metern auf einem links abzweigenden Waldweg. Wir steigen leicht aufwärts, bis bei einer Bank rechts ein Pfad mit mehreren Markierungen erscheint, zu denen auch unser roter Ring gehört. Wir wandern parallel zur Straße und der Püttlach. Nach einigen Stufen sehen wir durch die Bäume auf der gegenüberliegenden Straßenseite einen Campingplatz. Wir überqueren die Straße und die Püttlach und gehen durch den Campingplatz Bärenschlucht hindurch. An heißen Tagen lohnt sich hier eine Pause am Fluss – wie wäre es mit etwas Wassertreten oder anderen Spielen am Wasser? Wieder erfrischt, wandern wir dann auf leicht ansteigender Teerstraße durch die breite, aber mit ihren gewaltigen Felsformationen links und rechts eindrucksvolle Bärenschlucht allmählich aufwärts. Menschen der Jungsteinzeit hinterließen unter den Felsvorsprüngen ihre Siedlungsspuren.

Noch vor dem Dorf Weidmannsgesees folgen wir dem Wegweiser Pottenstein (Markierung roter Ring) nach rechts in den Wald und kommen auf einem schönen Weg zwischen Wiesen und Feldern nach Pottenstein. Beim Ortseingangsschild mündet unser Weg auf eine Asphaltstraße, wo wir uns nach rechts wenden und die Jugendherbergsstraße entlanggehen.

Bizarre Felsen bestimmen den Weg durch die Bärenschlucht.

Dort, wo wir auf der linken Straßenseite den Hinweis zum Terrassencafé Schrottenberg sehen, können wir nach rechts in einen Wiesenweg einbiegen und von Sitzplätzen den großartigen Blick auf Pottenstein genießen. Die ganze Schönheit der Lage Pottensteins wird hier deutlich, und hoch über dem Tal thront die ehrwürdige Burg.

Nach diesem Genuss kehren wir zur Asphaltstraße zurück und gehen weiter abwärts, um über die Straße Am Stadtgraben zum Ausgangspunkt bei der Kurverwaltung zu gelangen. Im Ort zeugen noch viele schöne Fachwerkbauten von der einstigen Pracht. Zur über 1000-jährigen Burg führen gar 365 Stufen hinauf.

Mit dem Kinderwagen unterwegs

Für Kinderwagen geeignet ist von Pottenstein der Weg zur Teufelshöhle, der an der Sommerrodelbahn und am Schöngrundsee entlangführt (hin und zurück 4 km, siehe auch Tour 35 und 51).

Die Strecke durch die Bärenschlucht ist dank Asphaltbelag auch sehr gut mit Kinderwagen machbar.

26 Beiderseits des Trubachtales

Geheimnisvolle Felsenkeller

mittel	9 km	94 m	2.15 Std.

Alter
Ab 6 Jahren

Tourencharakter
Wanderung vorwiegend auf schmalen Waldwegen, teilweise Aussichten in das Trubachtal

Ausgangs-/Endpunkt
Egloffstein, Gasthof Zur Post

Anfahrt
Bahn/Bus: Busverbindung mit Ebermannstadt und Gräfenberg. Bahn bis Ebermannstadt oder Gräfenberg, dann Bus 235 oder 226. Auto: Autobahn A 70, Ausfahrt Forchheim Nord oder Süd, auf der B 470 bis Abzweig Pretzfeld, über Pretzfeld bis Egloffstein

GPS-Koordinaten
49.703500, 11.258904

Einkehr
Gasthof Fränkische Schweiz, Obertrubach, www.gasthof-fraenkischeschweiz.de, Tel. 09245/218, Donnerstag Ruhetag, Fitness- und Spielraum

Karte
Fritsch Wanderkarte 1:50 000, Naturpark Fränkische Schweiz – Veldensteiner Forst – Hersbrucker Alb, Blatt Süd

Information
Tourist-Information Egloffstein, Tel. 09197/202 und 62920, www.trubachtal.com

Egloffstein ist heute das Zentrum des Fremdenverkehrs im Trubachtal und ein lohnender Ausgangspunkt für zahlreiche Wanderungen. Eine davon führt in einer Runde übers Felsentor zum Balkenstein. Danach geht es auf Schatzsuche in den Felsenkellern ...

Wir starten in Egloffstein beim Gasthof Zur Post, gehen das Heidegässchen hinauf zum Marktplatz und folgen dem Wegweiser Wilhelmfelsen, Felsentor (Markierung blauer Ring). Ein kurzes Stück auf der Burgbergstraße bleibend, kommen wir zum Kirchenweg, der uns zum Schloss mit der Kirche führt. Beim Wegweiser biegen wir nach rechts in die Egilolfstraße ab und wenden uns beim nächsten Wegweiser Wilhelmfelsen, Felsentor scharf nach rechts und wandern auf einem schmalen Pfad am

Gebüschrand entlang. Nun sind wir im Wald und kommen zum Wilhelmfelsen mit schöner Aussicht in das Trubachtal.

Von hier führt der Weg in fünf Minuten zum Felsentor mit seinem fast kreisrunden Durchblick. Die Verwitterung des Frankendolomits hat hier zu einer Naturbrücke geführt. Über Stufen geht es weiter abwärts, der Pfad mündet auf einen breiten Waldweg, und wir wenden uns nach links. Schließlich führt unser Weg auf einen Schotterweg bei der Keilsruhe mit Bank, auf dem wir der Markierung blauer Ring nach rechts folgen. Bei den ersten Häusern von Egloff-

Malerisch thront die Burg über Egloffstein. Linke Seite: Schafherde im Trubachtal

Felsenkellerführung für Kinder

Egloffstein wird von einem 700 Meter langen Felsenkellerlabyrinth im Berg durchzogen. Mittwochs und samstags finden spezielle Führungen für Kinder statt, an denen der lang verschollene Schatz der Felsenkeller gesucht wird. Weitere Auskünfte gibt die Touristinformation, Tel. 09197/202 oder M. Wirth, Tel. 09197/15 44.

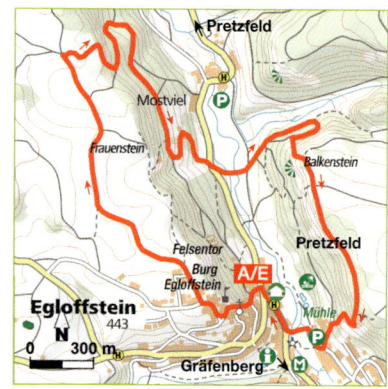

stein biegen wir scharf nach links (Wegweiser Fußweg Schwimmbad, Mostviel) und kommen hinunter zur Straße. Sie wird überquert, und wir folgen ein kleines Stück dem Trubachtal-Radweg an einem Wehr vorbei, überqueren eine Steinbrücke. Der Wegweiser Balkenstein (Markierung gelber Ring) weist uns nun den Weg. Wir überqueren eine Wiese und gelangen in den Wald.

An der folgenden Gabelung halten wir uns rechts und steigen nun allmählich aufwärts, teilweise in Serpentinen – bemooste Felsblöcke bedecken den Hang – und über einige Steinstufen mit Geländer zum Balkenstein hoch.

Oben erwarten uns eine Bank und eine prächtige Aussicht auf Egloffstein, Mostviel und das Trubachtal.

Vom Balkenstein kommen wir zu einem Feldweg, gehen rechts und folgen dem Weg in den Wald. An der nächsten Gabelung halten wir uns rechts (Abzweig nicht verpassen) und steigen auf Serpentinen an Pfarrwand und Pfarrfelsen vorbei abwärts. Beim Wegweiser Pfarrwald schwenken wir schließlich nach links und erreichen in wenigen Minuten den Ausgangspunkt. Wenn noch Zeit ist, können Familien an der Felsenkellerführung teilnehmen (Infos über das umfangreiche Kinderprogramm über die Touristinformation).

Malerisch ist das Trubachtal mit Egloffstein im Herbst.

84

Von Obertrubach zum Signalstein

27

Es klappert die Mühle …

Berühmt wurde das Trubachtal wegen seiner zahlreichen Mühlen und der steil aufragenden, zerklüfteten Dolomitfelsen, die besonders an Wochenenden zahlreiche Kletterer anziehen. Das Kletter-Infozentrum bietet auch für Kinder Kletterkurse an.

Wir starten in Obertrubach bei der Kirche, gehen die Teichstraße mit der Markierung grüne Raute (auch gelber Querstrich und blaues Kreuz) entlang und schwenken beim Wanderparkplatz nach rechts. Auf einem breiten Wiesenweg zweigen wir bei einer Lehrtafel nach links ab (Markierung grüne Raute) und gehen auf einem Pfad an Schlehenhecken vorbei. Auf einer Lehrtafel wird über den Lebensraum Hecke eindrucksvoll berichtet. Bei einer Bank gehen wir geradeaus weiter, wählen an der folgenden Gabelung den rechten Weg (Mar-

● leicht	🥾 km 12 km	⛰ 148 m	🧭 3.15 Std.

Alter
Ab 8 Jahren

Tourencharakter
Bequeme Wanderung vorwiegend auf breiten Wiesen- und Feldwegen mit schönen Ausblicken

Ausgangs-/Endpunkt
Obertrubach, Ortsmitte bei der Kirche

Anfahrt
Bahn/Bus: Busverbindung mit Ebermannstadt. Bahn bis Ebermannstadt, dann Bus 234.
Auto: Autobahn A 9, Ausfahrt Plech, über Betzenstein nach Obertrubach

GPS-Koordinaten
49.694895, 11.349306

Einkehr
Gasthof Drei Linden, Bärnfels
Tel. 09245/91 88, www.drei-linden.com, Donnerstag Ruhetag von November bis März, Kinderspeisekarte

Karte
Fritsch Wanderkarte 1:50 000, Naturpark Fränkische Schweiz – Veldensteiner Forst – Hersbrucker Alb, Blatt Süd

Information
Touristinformation Obertrubach, Tel. 09245/988 13, www.trubachtal.com

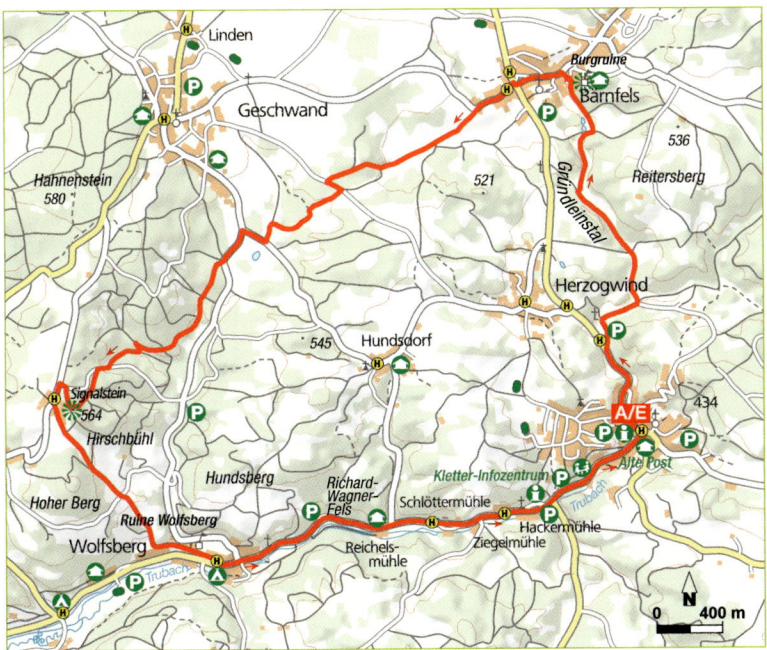

Der Härtelstein ist ein beliebter Kletterfelsen im Trubachtal.

Rechts: Frühling im Gründleinstal mit Blick nach Bärnfels

kierung grüne Raute) und überqueren eine Kreuzung bei einem Gatter. Durch das Gründleinstal geht es leicht ansteigend an bizarr geformten Felsen wie dem Knopfstein (Naturdenkmal) vorbei nach Bärnfels.

Unser Weg mündet beim Feuerwehrgebäude auf die Straße, dort wenden wir uns nach links und folgen dem Wegweiser Signalstein (Markierung roter Punkt). Wir gehen durch den Ort, überqueren eine Asphaltstraße und folgen dem Weg allmählich ansteigend bis kurz vor dem Ortsausgang. Dort schwenken wir nach links ab (Wegweiser Signalstein) und halten uns an einer Gabelung mit Bank noch mal links. Auf einem schönen Wald- und Wiesenweg gelangen wir zur Straße. Sie wird überquert, wir gehen am Waldrand weiter abwärts, an einer Wiese entlang zur Asphaltstraße. Dort wenden wir uns nach rechts, biegen an der folgenden Straßengabelung (Wolfsberg 3,5km) nach links und wandern nun etwa einen Kilometer auf der Asphaltstraße bis zu einem Abzweig mit Sperrschild. Dort folgen wir dem Forstweg bis zu einer Gabelung mit Bank und Wegweiser Rundweg Geschwand – Signalstein (Markierung roter Ring und roter Punkt) und wählen den linken Weg zum Naturdenkmal Signalstein (582m). Auf leicht anstei-

gendem Waldweg kommen wir zu einem Abzweig und sind in wenigen Minuten am Aussichtspunkt, auf den eine Metallleiter hochführt. Hier können wir möglicherweise den Kletterern zusehen und vielleicht selbst mal Lust darauf bekommen? Wo heute geklettert wird, wurden früher Rauch- und Feuersignale weitergegeben, was auch zum Namen führte.

Vom Signalstein zurück, sind es nur wenige Meter bis zur Asphaltstraße am Ortsanfang von Sorg. Wir wenden uns gleich nach dem Ortsanfang links (Wolfsberg, Markierung roter Punkt) und wandern leicht abwärts auf einem Wiesenweg zwischen Obstbäumen mit herrlicher Aussicht auf die bewaldete Hügellandschaft nach Wolfsberg.

Wir biegen im Ort links und kurz vor dem Ortsausgang nach rechts ab, gehen über eine Brücke, halten uns bei einem Spielplatz nach links und folgen der Markierung grüner Punkt durch das Trubachtal. Unser Weg überquert die Trubach und die Straße beim Hartelstein, einem sehr beliebten Kletterfelsen. Dort wenden wir uns nach rechts, gehen über einen Parkplatz und folgen dem Weg parallel oberhalb der Straße am Richard-Wagner-Felsen vorbei, dessen Profil dem berühmten Bayreuther Komponisten ähnelt. Bei der Reichelsmühle lohnt sich eine Rast im Restaurant Treiber, bevor die Ziegelmühle (seit 1383 im Besitz der Herren von Egloffstein) sichtbar wird. An der Schlöttermühle vorbei erreichen wir die Hackermühle (1547 erstmals erwähnt) – wir sehen schon, das Trubachtal ist nicht nur ein Kletter-, sondern auch ein Mühlenparadies – und kommen zum Blechstein, der im 16. Jahrhundert die Grenze zwischen Hiltpoltstein, Betzenstein und Pottenstein war. Auch er weist in seinem schräg geschichteten Dolomit schwerste Kletterrouten auf. Nun tauchen schon die ersten Häuser von Obertrubach auf, und wir erreichen auf der Trubachtalstraße schnell den Ausgangspunkt bei der Kirche.

Klettern im Frankenjura

Im Kletter-Infozentrum in Obertrubach können Kinder auf dem Erlebnisspielplatz mit Boulderwand und Seilzirkus das Klettern lernen, angeboten werden auch Kletterkurse für Kinder (Kletter-Infozentrum, unterhalb des Blechsteins, http://trubachtal.com/kletterinfozentrum). Auch in Bärnfels befindet sich ein Spielplatz.

28 Abenteuerpark Betzenstein

Naturhochseilgarten der besonderen Art

●	🥾 km	⛰	🕐
leicht bis schwer	1 km	40 m	2–3 Std. Verweildauer

Alter
Ab 5 Jahren

Tourencharakter
Abenteuerparcours an Felswänden und durch Baumwipfel

Ausgangs-/Endpunkt
Bahn/Bus: Haltestelle
Schwimmbad Betzenstein.
Auto: Wanderparkplatz
Freibad Betzenstein

Anfahrt
Bahn/Bus: Bis Bahnhof Neu-
haus a. d. Pegnitz; weiter mit
Bus 343 bis Betzenstein
Schwimmbad. Auto: A 9 bis
Ausfahrt Plech; weiter nach
Betzenstein; am Ortsende zum
Parkplatz am Freibad

GPS-Koordinaten
Auto: 49.682929, 11.408379
Bus: 49.68448, 11.40777

Karte
Landesamt für Vermessung und
Geoinformation 1:50 000,
Naturpark Fränkische Schweiz,
Veldensteiner Forst, Südlicher
Teil

Einkehr
Kiosk im Abenteuerpark

Information
Abenteuerpark Betzenstein,
Tel. 09244/98 59 16,
www.abenteuerpark-betzen-
stein.de

Im Abenteuerpark Betzenstein kann man sich durch Baumwipfel an Seilen entlanghangeln, mit einem Bobby-car über Brücken und Seile flitzen, an Felsenwänden klettern, mit Seilrutschen über das Freibad sausen und einen Tarzansprung für Mutige wagen.

Im Abenteuerpark angekom-men geht auch schon der Blick nach oben in die Baum-kronen. Hier hangeln sich Kinder, Jugendliche und mu-tige Erwachsene durch die Baumwipfel. In elf anspre-chenden Parcours mit un-terschiedlicher Schwierigkeit kann man über Brücken, Netze oder Baumstämme in

felsigem Gelände klettern. Los geht es im Einweisungsparcours, in dem man seine ersten Versuche unternehmen kann. Die Kinderkletterwelt und der Felsenparcours stehen für die 5- und 6-Jährigen zur Verfügung. Im Einsteigerparcours, Abenteuerparcours und Schlittenparcours ab 8 Jahren geht es dann schon hoch hinauf. Für 12-Jährige verspricht der Seilbahnparcours zwei luftige Fahrten über das Freibad Betzenstein. So richtig zur Sache geht es dann im Tarzanparcours und im Risikoparcours. Bis zum 12. Lebensjahr müssen Kinder von ihren Eltern begleitet werden. Ab dem 13. Lebensjahr können die Jugendlichen dann selbst losziehen. Den Abenteuerpark erreicht man in etwa 5 Minuten vom Parkplatz beziehungsweise der Bushaltestelle.

Gut gesichert geht's hoch hinauf.

Linke Seite: Kinderkletterwelt im Abenteuerpark Betzenstein

Tipp

An heißen Tagen empfehlen wir eine Abkühlung im Freibad Betzenstein. Infos unter www. freibad-betzenstein.de.

29 Auf dem Eibgrat

Abenteuerlicher Felsensteig

schwer | 8 km | 130 m | Bahn: 3.30 Std.
Auto: 2.30 Std.

Alter
Ab 6 Jahren

Tourencharakter
Abenteuerlicher Steig über den Felsenkamm des Eibgrats, Wald- und Forstwege

Ausgangs-/Endpunkt
Bahn/Bus: Haltestelle Spies.
Auto: Wanderparkplatz Eibgrat bei Spies

Anfahrt
Bahn/Bus: Bhf. Pegnitz; mit Bus 386 bis Spies, Auskunft unter Tel. 0921/78 97 30. Auto: A 9 bis Ausfahrt Hormersdorf; weiter Richtung Plech, in Spies Richtung Hetzendorf; etwa 300 m nach dem Ortsschild Spies in der ersten Linkskurve auf einen Feldweg geradeaus zum Parkplatz Eibgrat am Waldrand fahren

GPS-Koordinaten
49.635272, 11.403121

Karte
Bayerisches Landesvermessungsamt, Naturpark Fränkische Schweiz, 1:50 000

Einkehr
In Spies: Gasthof Hutzerstubn, Tel. 09244/582, www.hutzerstubn.de, nur samstags geöffnet

Information
Tourist-Info Betzenstein, Tel. 09244/98 52 21, www.betzenstein.de

Ein spannender Felsensteig führt über den Eibgrat. Seinen Namen verdankt er den alten Eiben, die die mystisch anmutenden Felsentürme zieren. Eine steile Stahltreppe bringt uns auf ein Hochplateau mit schönem Aussichtspunkt.

Ungewöhnlich ist es ja schon, dass dieser spannende Steig direkt über den Felsenkamm führt. Ihre Kinder werden kaum zu bremsen sein, wenn sie diesen Abenteuerweg erkunden. Zunächst geht es über bemooste Felstürme. Der Steig verläuft mal direkt auf dem Grat über den Felsenkamm, dann wieder etwas tiefer links oder rechts davon. Nach etwa einer Stunde führt eine Treppe hinauf zu einem Aussichtspunkt, der den Blick nach Norden in das Eibental freigibt. Hier stehen einige Bänke – einen schöneren Rastplatz kann es kaum geben. Wer gedacht hat, dass der abenteuerliche Steig hier oben endet, der hat sich getäuscht. Weiter über den Felsenkamm führt der Pfad nach Osten. Am Ende des Eibgrats darf beim Abstieg ein enges Felsentor durchschritten werden. An dieser Stelle sollten Sie Ihren Kindern eine Spielpause gönnen, da es wunderbare Versteckplätze gibt. Anschließend kann man über das Eibental, zumeist auf breiten Wegen, zurück zum Ausgangspunkt wandern. Wer sich an diesem traumhaften Felsenweg nicht satt sehen konnte, kann auch auf demselben Felsensteig wieder zurückgehen. Die Kinder werden begeistert sein. Wirklich eine ungewöhnliche Wanderung, die wir Ihnen sehr empfehlen können.

Bahn- und Busfahrer gehen die Hauptstraße mit dem Wegweiser Richtung Hetzendorf entlang. Etwa 300 Meter nach dem Ortsschild biegen wir in der Linkskurve der

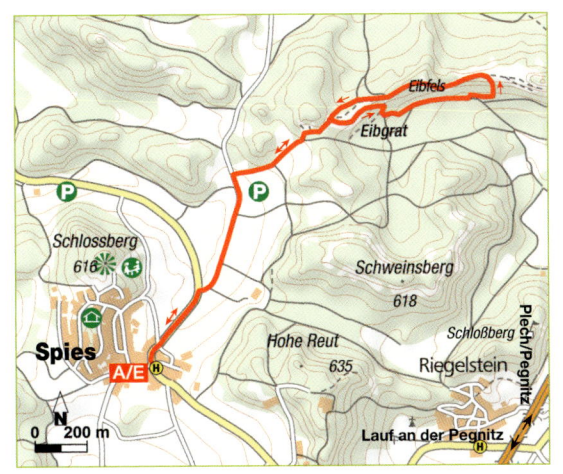

Hauptstraße in einen geteerten schmalen Feldweg ein, der uns zum Wanderparkplatz am Waldrand führt, von dem aus die *Autofahrer* starten. Wir folgen dem Schild Richtung Eibgrat auf den breiten Schotterweg am Waldrand. Die weiß-rot-weiße Markierung führt uns in östlicher Richtung. Im Wald geht der Weg in einen Pfad über, auf dem wir über die aneinandergereihten Felstürme wandern.

»Hier oben ist es am schönsten!«

Linke Seite: kurze Pause im Tipi

Wir gehen weiter auf einem Rundweg und folgen am Ende des Eibgrats dem Wegweiser links Richtung Plech. Der Weg führt uns hinunter ins Eibtal und dann links in Richtung Plech. Auf einem breiten Waldweg folgen wir nun dem Wegweiser Richtung Spies mit grünem Kreis auf weißem Grund. An der nächsten Weggabelung nehmen wir den linken Weg, der weiterhin mit dem grünen Kreis auf weißem Grund markiert ist. Nach etwa 800 Metern folgen wir der weiß-blau-weißen Markierung links auf einem Waldweg leicht bergauf und gelangen so über den Bergrücken zurück zum Ausgangspunkt. Als Variante können wir anstatt des Rundwegs den Eibgrat auch auf derselben Route wieder zurück zum Ausgangspunkt gehen.

Tipp

Das Wildgehege Hufeisen befindet sich im Veldensteiner Forst, dem zweitgrößten zusammenhängenden Waldgebiet Nordbayerns. Hier können Sie mit Ihren Kindern auf dem 1,5 Kilometer langen Rundweg heimische Wildtiere beobachten und füttern, da die Tiere zum Teil frei herumlaufen. Im dem 38 Hektar großen Wildgehege gibt es zu jeder Jahreszeit etwas zu entdecken. Wildschwein-Frischlinge im Frühjahr, Damwildkitze im Frühsommer, die Hirschbrunft im September und die Kämpfe der Mufflonwidder im November. Sie finden den Wildpark an der A 9, Ausfahrt Weidensees; weitere Infos unter www.wildgehege-hufeisen.de.

Spielideen

Pinguinwanderung

An kalten Tagen wandern wir ein Stück wie die Pinguine in der Eiswüste der Antarktis. Um ihre Eier und später Jungtiere warm zu halten, legen sie sich diese auf ihre Füße und wärmen sie mit ihrem kuscheligen Fell.

Spielablauf:

Die Kinder stellen sich auf die Füße der Erwachsenen. Dabei sollen sich beide ansehen. Die Pinguineltern können nun in kleinen Trippelschritten mit den Pinguinkindern auf Wanderschaft gehen. Ein Wettlauf ist dabei besonders lustig!

Formen in der Natur

Jedes Kind soll etwas Rundes – Eckiges, Weiches – Hartes, Glattes – Raues, Großes – Kleines, Dickes – Dünnes, Spitzes – Stumpfes, Langes – Kurzes, Gerades – Gebogenes aus der Natur suchen. Die Gegenstände werden auf ein weißes Tuch gelegt und besprochen.

Eulen und Krähen

Die Spieler werden in zwei Gruppen eingeteilt und stellen sich an einer Linie gegenüber auf. Alle Spieler gehen ein paar Schritte zurück, damit zwischen den Gruppen ca. 5 Meter Platz ist. Der Spielleiter macht eine Aussage, die richtig oder falsch sein kann. Ist die Aussage richtig, fangen die Eulen die Krähen. Ist sie falsch, fangen die Krähen die Eulen.

»Auf die Bäume, fertig, los!«

Der Beinblick

Kleine Kinder schauen sich gerne Bilderbücher kopfüber an. Einmal die Welt kopfüber durch seine gespreizten Beine zu betrachten, finden Kinder besonders lustig. Ein Sonnenuntergang aus dieser Perspektive wirkt besonders eindrucksvoll.

Die Ameisenperspektive

Dieses Spiel möchte das Größenverhältnis einer Ameise zu ihrem Lebensraum zeigen. Die Kinder bekommen eine Lupe und kriechen mit dieser auf dem Bauch in der Wiese herum. Durch die Lupe erscheinen die Gräser wie Bäume und kleine Lebewesen wie Spinnen, Käfer oder Grashüpfer als riesige Tiere.

Kameraspiel

Jeweils zwei Spieler bilden ein Paar. Ein Spieler ist der Fotograf, der andere die Kamera. Die Kamera schließt die Augen und wird vom Fotografen zu einer besonders schönen Pflanze geführt. Dies kann eine Blume, ein Pilz oder eine schöne Wurzel sein. Zieht der Fotograf seine Kamera vorsichtig am Ohr, dann darf diese für einige Sekunden die Augen öffnen. Die Bildausschnitte wirken für die Kamera besonders groß. Nun werden die Rollen getauscht.

Blinde Barfußraupe

Alle Kinder stellen sich barfuß hintereinander auf, schließen die Augen und legen die Hände auf die Schultern des Vordermannes. Nur der Kopf der Raupe sieht und geht langsam los. Wir spüren die Unebenheiten des Bodens, bemerken, ob dieser warm oder kalt ist und nehmen Geräusche viel intensiver wahr.

Eine Wiese riechen

Die Spieler legen sich in die Wiese und stecken ihre Nase ins Gras. Es riecht nach frischem Grün. Danach legen sich alle Spieler auf den Rücken und schauen in den Himmel. Die langen Grashalme lassen durch ihre leichten Bewegungen das Blickfeld lebendig werden.

Hier riecht's nach frischem Gras und Blumen.

Samensocken

Spielend lernen können die Kinder durch Samensocken. Mit einem alten Paar weißer Socken, die wir ihnen über die Schuhe ziehen, lassen wir sie durch eine Wiese mit möglichst samentragenden Pflanzen wie der Pusteblume laufen.

Auf dem Hesselberg

Aussichtsreich:

Bergtouren und Höhenwanderungen

30 Auf den Kreuzberg

Der heilige Berg der Franken

     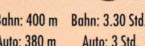

leicht	Bahn: 8,5 km Auto: 8 km	Bahn: 400 m Auto: 380 m	Bahn: 3.30 Std. Auto: 3 Std.

Alter
Ab 8 Jahren

Tourencharakter
Ein Wiesenpfad führt in den Wald auf einen Wurzelpfad in der ersten Hälfte des Anstieges durch ein etwa 800 m langes Stück Forstweg.

Ausgangs-/Endpunkt
Bahn/Bus: Bushaltestelle Sandberg Berggasthof. Auto: Wanderparkplatz Sandberg

Anfahrt
Bahn/Bus: Bis Bhf. Neustadt/Saale; mit Bus 8181 nach Sandberg Berggasthof, Auskunft Tel. 09771/626 20. Auto: A 71 bis Bad Neustadt/Saale; weiter auf der B 279 nach Bischofsheim; auf der ST 2288 nach Sandberg; hier durch den Ort bergauf bis zum Wanderparkplatz

GPS-Koordinaten
50.353237, 10.003738

Karte
Fritsch Wanderkarte Nr. 68, 1:50 000, Naturpark Rhön

Einkehr
Klosterbrauerei Kreuzberg, Tel. 09772/912 40, www.kreuzbergbier.de

Information
Tourist-Info Bischofsheim, Tel. 09772/91 01 50, www.bischofsheim.info

Ein verwunschener Pfad mit von Moos bewachsenen Steinen führt uns teils steil hinauf durch schönen Mischwald zum Kreuzberg. Die Klostergaststätte lädt Wanderer und Pilger zur Rast ein und verwöhnt sie mit Hausmannskost und dem berühmten Kreuzbergbier.

Als heiliger Berg der Franken gilt der Kreuzberg seit der Missionierung der Franken durch St. Kilian und seine Gefährten im Jahre 686. Beeindruckend wirken die drei Golgata-Kreuze, die über einen Kreuzweg vom Kloster aus zu erreichen sind. Bereits der frühere Name Aschberg oder Asenberg aus der Keltenzeit deutet auf religiöse Handlungen auf dem Berg hin. Mit seinen

928 Metern über dem Meeresspiegel ist der Kreuzberg, nach der Wasserkuppe und der Dammersfeldkuppe, der dritthöchste Berg in der Rhön. Vom Nordhang des Kreuzberges haben Sie einen wunderschönen Blick zu den Schwarzen Bergen, zur Dammersfeldkuppe und zur Wasserkuppe bis hinüber zum Thüringer Wald und ins Brendtal. Bei guter Sicht zeigt sich im Westen sogar der Taunus mit dem Großen Feldberg. Das 1644 gegründete Franziskanerkloster mit Klosterbrauerei, übrigens die einzige Brauerei der Franziskaner in Deutschland, befindet sich unterhalb des Gipfelplateaus. Mit seinen gemütlichen Stuben und dem schönen Innenhof lädt die Klosterwirtschaft Wanderer und Pilger zur Stärkung ein. Die drei stattlichen Bernhardiner, die Ihre Kinder bestimmt bestaunen werden, gehören als Hofhunde ebenfalls dem Kloster an. Auf jeden Fall ist ein Besuch des Museums im Bruder-Franz-Haus, in dem man Wissenswertes und

> **Tipp**
>
> Im Winter hat der Kreuzberg für Ski- und Rodelfahrer einiges zu bieten. Neben seinen vier Skiliften gibt es eine Rodelbahn auf der Klosterwiese sowie am Nordhang die Kreuzberg-schanze westlich von Haselbach. Weitere Infos unter Tel. 09772/433, www.skilifte-kreuzberg.de.

Links: Blick vom Kreuzberg über die Klosterkirche
Unten: durch wunderschönen Mischwald

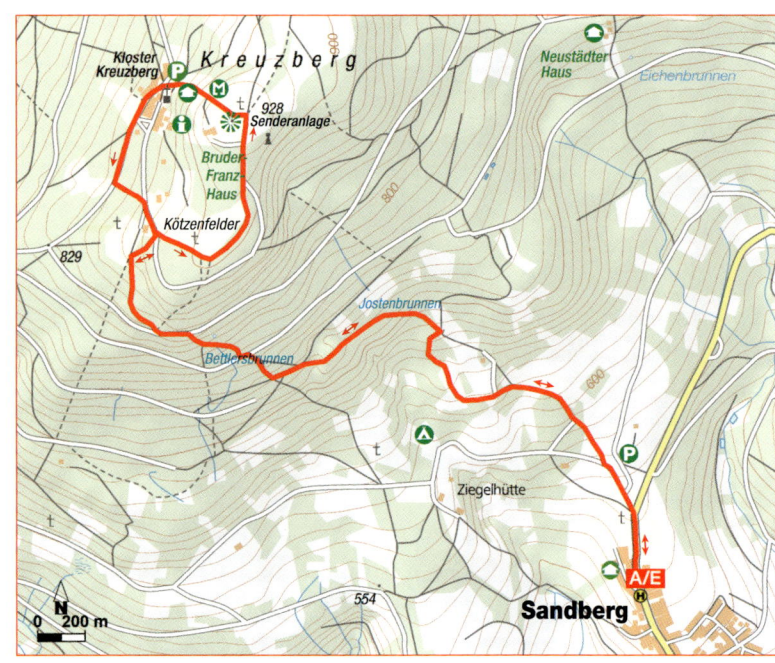

Marienstatue auf dem Weg
zum Kreuzberg

Interessantes über das Leben von Franz von Assisi erfährt, lohnenswert. Hier im ältesten Gebäude des Kreuzberges finden die Besucher eine zentrale Kontakt- und Begegnungsstätte vor. Einen Einblick, wie Franziskaner leben, denken und handeln sowie in das Leben weiterer vier Klostergemeinschaften können Sie hier bekommen. Meditations- und Ruheräume bieten Gelegenheit, sich zurückzuziehen. Zudem sind die Franziskaner offen für ein persönliches Gespräch. Das Bruder-Franz-Haus ist täglich von 10–17.30 Uhr geöffnet.

Bahn- und Busfahrer gehen von der Bushaltestelle hinauf zum Ortsende und kommen so direkt an den Wanderparkplatz, an dem die *Autofahrer* starten. Wir folgen dem Wegweiser »Kloster Kreuzberg 4 km« nach links, der uns auf einem geteerten Weg etwa 200 Meter bis zum Waldrand führt. An einer Marienstatue sehen wir einen kleinen Bachlauf und folgen diesem über eine Wiese in den Wald. Der Weg ist mit der Tafel »Neustädter Haus Nr. 5« gekennzeichnet.

Am Waldrand angekommen befinden wir uns auf dem Rundweg Nr. 5. Der kleine Pfad führt uns leicht bergauf. Der Weg ist mit einem roten K auf weißem Grund markiert. Ein Stück geht es nun weiter auf einem breiten Waldweg, der eine originelle Pausenbank aus Skiern bietet. Dann begeben wir uns wieder weiter

auf den sehr schönen Steig, der nun ab und zu vom breiten Forstweg gekreuzt wird. Wir überqueren an diesen Stellen den Forstweg und begeben uns gleich wieder auf den sich nun steil bergauf schlängelnden Pfad.

Kurz bevor wir das Hochplateau des Kreuzberges erreicht
haben, sehen wir auf einem großen alten Baumstamm ein weißes
Kreuz mit einem Pfeil nach links gemalt. Diesem folgen wir auf
einen Höhenweg am Waldrand, der dann ein kurzes Stück an
der Straße entlangführt, bis wir den Sendemasten, den wir schon
von Weitem sehen können, erreicht haben. Der Rundweg Nr. 1
und der Wegweiser zum Kloster Kreuzberg führen uns nun in
wenigen Minuten und ohne weitere Höhenmeter weiter zum
Gipfel des Kreuzberges. Von hier aus nehmen wir die vielen
alten Steinstufen hinunter bis zum Kloster.

Neben dem Kloster befindet sich ein kleiner Spielplatz, an dem
wir vorbeigehen. Wir folgen dem Wegweiser Richtung Sandberg
zunächst auf einer asphaltieren Straße in den Wald. Hier folgen
wir weiter den Wegweisern Richtung Sandberg und dem roten
K. Unser Weg trifft im weiteren Verlauf auf den Höhenweg, der
uns zum Sendemasten und Kreuzberggipfel geführt hat. Ab hier
gehen wir auf dem gleichen Pfad, den wir auf den Hinweg
gegangen sind, zurück nach Sandberg.

Weg zum Gipfel des
Kreuzberges

31 Auf den Staffelberg

Sagenumwobener Berg der Kelten und Zwerge im Maintal

leicht	8 km	130 m	3 Std.

Alter
Ab 6 Jahren

Tourencharakter
Wanderweg mit Anstieg durch den Wald, kleine Pfade über Trockenrasen bis zum Gipfel

Ausgangs-/Endpunkt
Parkplatz am Friedhof in Bad Staffelstein

Anfahrt
Bahn/Taxi: Bis Bhf. Bad Staffelstein; weiter mit Taxi zum Wanderparkplatz, Taxi Dütsch, Tel. 09573/52 06
Auto: A 73 bis Ausfahrt Staffelstein Ost; kurz nach der Ortseinfahrt rechts Richtung Friedhof zum Parkplatz

GPS-Koordinaten
50.099881, 11,004502

Karte
Fritsch Wanderkarte 1:50 000, Oberes Maintal – Coburger Land Nr. 50

Einkehr
Staffelbergklause, Tel. 09573/54 37, https://gastro.bad-staffelstein.de/de/gastro, geöffnet April bis Oktober Mo, Mi bis Sa ab 10 Uhr, So und Feiertage ab 9 Uhr

Information
Tourist-Info Bad Staffelstein, Tel. 09573/331 20, www.bad-staffelstein.de

Der markante Staffelberg erhebt sich über der Stadt Bad Staffelstein. Als sagenumwobener Berg mit schmalen Steigen und einer spannenden Zwergenhöhle ist er ein ideales Ausflugsziel für Familien.

Bereits die Kelten entdeckten den Staffelberg als Siedlungsgebiet und bauten auf ihm eine Festungsanlage. Sie trug den Namen »Menosgada«, was so viel bedeutet, wie »die Stadt am Fluss«. Sie lag an einer der wichtigsten Handelsstraßen der Kelten, die von Süditalien bis zur Nordsee führte.

Zahlreiche Sagen erzählt man sich vom Staffelberg. So waren nicht nur die Kelten von der Schönheit des Staffelberges angetan, sondern auch die Querkele. In der Querkeleshöhle wohnten einst diese kleinen Wesen. Sie waren hilfreich und freundlich

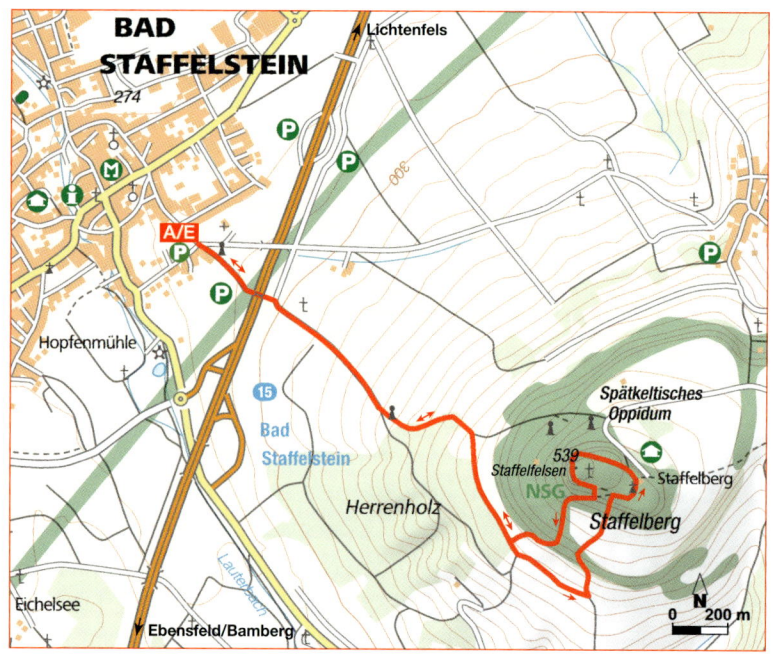

Blick aus der Zwergenhöhle am
Staffelberg

und bei den Menschen gern gesehene Gäste, denn sie halfen bei der Arbeit, bei Krankheiten und standen mit Rat und Tat zur Seite. An den Tagen, an denen die Bäuerinnen Klöße kochten, kamen die Querkele am liebsten in die Dörfer. Denn rohe Kartoffelklöße, heute noch eine fränkische Spezialität, waren das Leibgericht der kleinen Zwerge. Da sie die Klöße so sehr mochten und nicht genug davon kriegen konnten, stahlen sie manchmal sogar welche aus den Kochtöpfen. Die Bäuerinnen wussten dies und duldeten es stillschweigend, da sie doch manchen Vorteil von den Wichteln hatten.

Eine geizige Bauersfrau jedoch gönnte den Querkelen die Gabe nicht und zählte ihre Klöße ab, bevor sie in den Kochtopf kamen. Die Zwerge merkten dies und blieben von da an den menschlichen Wohnungen fern. Eines Tages hörte man vom Staffelberg ein Wehklagen und in derselben Nacht verließen die guten Zwerge den Staffelberg. Sie gingen mit Sack und Pack hinunter ins Maintal. Dort ließen sie sich vom Fährmann über den Fluss

101

Unten: die Felsformationen des
Staffelberges

Rechte Seite: Die Zwergenhöhle
ist eher etwas für kleine Leute.

setzen und zogen wortlos den Banzberg hinauf. Seitdem wurden sie nie mehr gesehen.

Der Weg beginnt am Friedhof. Wir gehen über eine Fußgängerbrücke, die über die Autobahn führt, hinauf zum Staffelberg. Ein Lehrpfad entlang des Wanderweges bietet unterwegs interessante Informationen zur Geologie und Geografie des Staffelberges. Eine Baumallee führt uns in den Wald. Dort folgen wir dem teils mit Stufen angelegten Weg bis zu einer Lichtung, an der ein kleiner Wiesenpfad links hinauf zum Denkmal von Victor von Scheffel führt. Der kleine Pfad führt uns auf die Trockenrasen, vorbei an zwei Föhren, die auf einem Felsbrocken wachsen. Wir gehen auf dem Höhenweg unterhalb des Staffelberges weiter, bis unser Pfad an einer Weggabelung links hinauf in Kehren, nun als steiniger Bergpfad, zum Gipfel führt. Auf dem Bergplateau angekommen, sehen wir schon neben der Kirche die Staffelbergklause.

Bevor Sie den Rückweg antreten, sollten Sie unbedingt die verschiedenen Aussichtspunkte rund um den Staffelberg genießen. Unser Abstieg führt über die Zwergenhöhle, die Sie an der Südseite der Bergkante finden. Wir nehmen den kleinen Pfad, der unterhalb der Zwergenhöhle rechts entlang des Felsen führt. Vorsicht, ein kurzes Stück ist ausgesetzt! Nun führt uns der Pfad steil hinunter durch den Wald bis zu einer Lichtung. Hier erkennen wir wieder die beiden aus einem Felsbrocken ragenden Föhren. Nun gehen wir nach rechts unseren Pfad zum Scheffel-Denkmal und weiter bergab auf gleichem Weg zum Wanderparkplatz nach Bad Staffelstein.

Tipp

Ein Besuch des Kurparkes mit Seebühne und ein Doppel-Gradierwerk lohnt sich. In den Laubengängen der Inhalatorien können Sie wie am Meer Salzluft einatmen. An heißen Tagen empfehlen wir eine Abkühlung im nahe gelegenen Badesee von Bad Staffelstein. Wer Lust auf gemütliche Cafés und Eisdielen hat, dem empfehlen wir die liebenswerte Innenstadt von Bad Staffelstein. Dort grüßt eine bronzene Statue von Adam Riese, dem Rechenmeister und berühmtesten Sohn der Stadt, seine Gäste. Weitere Infos unter Tel. 09573/ 22 29 96 oder www.aquariese.de.

32 Von Ebermannstadt zum Schlüsselstein

Weiter Blick von der Wallerwarte

| leicht | 10 km | 206 m | 3 Std. |

Alter
Ab 8 Jahren

Tourencharakter
Vom steilen Aufstieg zum Schlüsselstein abgesehen eine sehr bequeme und schöne Wanderung durch Wald und zwischen Feld

Ausgangs-/Endpunkt
Ebermannstadt, Wasserschöpfrad

Anfahrt
Bahn/Bus: Busverbindung mit Forchheim. Bahn bis Ebermannstadt. Auto: Autobahn A 9, Ausfahrt Pegnitz-Grafenwöhr, auf B 2/B 470 über Pottenstein, Gößweinstein nach Ebermannstadt

GPS-Koordinaten
49.781208,11.188867

Einkehr
Landgasthof Bieger, Rothenbühl 3, 91320 Ebermannstadt (Rothenbühl), Tel. 09194/95 34, www.landgasthofbieger.de, Dienstag Ruhetag

Karte
Fritsch Wanderkarte 1:50 000, Naturpark Fränkische Schweiz – Veldensteiner Forst – Hersbrucker Alb, Blatt Süd

Information
Städtisches Verkehrsamt Bürgerhaus, Tel. 09194/506 40, www.ebermannstadt.de

Zwei schöne Aussichtspunkte verlocken zu einer Wanderung hoch oberhalb von Ebermannstadt. Auch das herrliche Wiesenttal und das Leinleitertal, Burgen und weitere markante Orte lassen sich von der Höhe gut erkennen. Nach der Wanderung geht es ab ins Schwimmbad!

Wir beginnen diese Wanderung beim Wasserschöpfrad von 1603 unweit des Marktplatzes (wenige Meter vom großen Parkplatz Nr. 2), wenden uns nach links, überqueren die Wiesent und die Bahngleise. Aufwärts geht es durch das Scheunenviertel und mit Markierung grüne Raute durch den Stadtpark zur Erlachkapelle. Hier gehen wir nach rechts und kommen auf der Straße Obere Bayerische Gasse durch ein schön gelegenes Wohngebiet mit Gärten und schwenken bald nach links in die Straße Zum Schlüsselstein ein. Nun geht es bergan, wir überqueren eine Forststraße, wandern durch einen Wald und steigen auf einem Pfad zu einer weiteren Forststraße steil auf. Dort wenden wir uns nach links, biegen nach wenigen Metern nach rechts in den Wald und kommen auf einem aufsteigenden Pfad zu einem

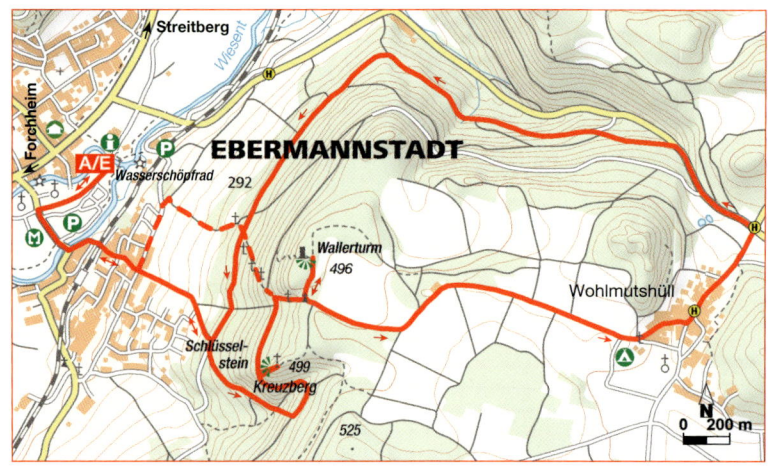

Querweg. Hier gehen wir nach links (Markierung blauer Strich) und erreichen durch jungen Buchenwald eine Wegkreuzung. Von dort sind es 100 Meter zum Schlüsselstein (499 m) mit herrlicher Aussicht auf Ebermannstadt. Hier stand die Burg der Grafen von Schlüsselberg; zwei Burggräben sind noch zu erkennen.

Von diesem Aussichtspunkt gehen wir zurück zur Wegkreuzung und wandern geradeaus weiter in Richtung Wallerwarte. Unser Wanderweg mündet auf den Ernst-Schlosser-Weg. Wir gehen nach links und bei einer kleinen Kapelle nach rechts, um nach 200 Metern zur Wallerwarte (496 m), einem 1930 aus Natursteinen gemauerten Aussichtsturm zu kommen. Die Sicht in das Wiesenttal ist großartig, reicht auch weit in das Leinleitertal mit Streitberg bis zur Burg Greifenstein hinüber.

Wir wandern von der kleinen Kapelle nun auf dem Ernst-Schlosser-Weg weiter (Markierung blaue Raute) nach Wohlmutshüll. Im Ort schwenken wir nach links ab, kommen zur Bundesstraße und wenden uns abermals nach links, um nach 200 Metern links-rechts in den Wald abzubiegen (Wegweiser Ebermannstadt, Markierung blaue Raute). Nun wandern wir bis zu einem schmalen Fahrweg, halten uns hier links und verlassen den Fahrweg bei einem Wegweiser mit Bank nach rechts abwärts (Hinweis Wasserschöpfrad). Wir kommen zur Erlachkapelle und gehen auf bekanntem Weg zum Wahrzeichen von Ebermannstadt, dem alten Wasserschöpfrad zurück.

Badespaß EbserMare

1,4 Kilometer flussaufwärts von Ebermannstadt befindet sich in Rothenbühl das Freibad EbserMare; mit mehreren Schwimmbecken, Spielplatz, Kletterwand und vielem mehr. Das EbserMare ist von Mitte Mai bis Anfang September täglich von 9.00 bis 20.00 Uhr und bei schlechtem Wetter von 9.00 bis 10.00 Uhr und 17.30 bis 19.00 Uhr geöffnet (Tel. 09194/73 91 44, www.ebermannstadt.de/unsere-stadt/freibad-ebsermare

Das Wasserschöpfrad in Ebermannstadt

33 Rund um das Walberla

Auf den Spuren alter Sagen unterwegs

| leicht | 7 km | 250 m | 2.30 Std. |

Alter
Ab 6 Jahren

Tourencharakter
Sehr schöne Wanderung auf bequemen Wegen, vom Walberla großartige Ausblicke über Täler und Höhenzüge

Ausgangs-/Endpunkt
Kirchehrenbach, Kirche

Anfahrt
Bahn/Bus: Busverbindung mit Forchheim und Ebermannstadt. Bahn bis Kirchehrenbach.
Auto: Autobahn A 73, Ausfahrt Forchheim Nord oder Süd, auf B 470, bei Unterweilersbach Abzweig nach Kirchehrenbach

GPS-Koordinaten
49.733397, 11.145265

Einkehr
Gasthof zum Walberla, Straße zur Ehrenbürg 21, 91356 Kirchehrenbach, Tel. 09191/947 65, www.zum-walberla.de, Donnerstag Ruhetag, Kindergerichte

Karte
Fritsch Wanderkarte 1:50 000, Naturpark Fränkische Schweiz – Veldensteiner Forst – Hersbrucker Alb, Blatt Süd

Information
Tourismusverein Rund ums Walberla-Ehrenbürg e. V., Tel. 09191/97 89 31, www.walberla.de

Die Ehrenbürg, im Volksmund nur Walberla genannt, zieht jedes Jahr Tausende von Besuchern an. Sie strömen auf das Hochplateau, um die herrliche Aussicht zu genießen oder am ersten Maisonntag das Walberla-Fest zu feiern. Allerlei Geschichten ranken sich um den Berg ...

Wir gehen von der Kirche in Kirchehrenbach die Asphaltstraße zum Wanderparkplatz bei der Speisegaststätte Zum Walberla aufwärts (Markierung roter Querstrich), wenden uns kurz nach dem Rastplatz bei einer Quelle nach links und wandern auf einem steinigen Pfad (Markierung stilisiertes Walberla) weiter.
Wir kommen bei einer Wanderwegtafel zu einer Asphaltstraße, wenden uns hier nach links und gelangen zu einem hölzernen Kreuz, von dem sich eine herrliche Aussicht auf Kirchehrenbach bietet. Durch niederen Buchenwald aufwärtsgehend kommen wir zur Walpurgiskapelle, die auf einer Hochebene steht und im 17. Jahrhundert als Wallfahrtskapelle errichtet wurde. Von ihr rührt der Name des Walberla. Weit reicht vom Denkmalfels (514 m) neben der Kapelle der Blick von der Westseite des Plateaus übers untere Wiesenttal und das Regnitztal mit Forchheim hinweg. Der Walberla ist ein durch Erosion von der Albhochfläche abgetrennter Zeugenberg und steht wegen seines Orchideenreichtums und Trockenrasens unter Naturschutz – Infotafeln weisen darauf hin. Bei der Pause ist Zeit, den Kindern die Sage von der Steinernen Frau zu erzählen:
Einst soll ein Schloss am Ort der heutigen Kapelle St. Walburgis gestanden haben. Die Königin sprach einen Fluch gegen ihre böse Nebenbuhlerin aus. Diese wurde zu Stein und gab dem Felsturm, den wir beim Aufstieg rechts gesehen haben, den Namen Steinerne Frau.

Wir überqueren nun die Hochfläche, wandern in einen Sattel hinab und steigen dann auf den Rodenstein (530 m) mit dem hölzernen Kreuz. Von dieser höchsten Erhebung des Walberla geht es nun abwärts (Markierung roter Querstrich), auf einem schönen Panoramaweg kommen wir zu einem Wanderparkplatz im Tal. Dort halten wir uns rechts und erreichen dann in wenigen Minuten das Dorf Schlaifhausen.

Wir gehen durch den Ort bis zur Kirche, schwenken hier nach rechts (Wegweiser Walberla, Rodenstein) und halten uns bei der nächsten Wiese (Camping möglich) rechts. Auf einer leicht ansteigenden Teerstraße wandern wir bis zu einem Wanderparkplatz und überqueren ihn geradeaus. Nun folgen wir der Markierung stilisiertes Walberla am Fuße der Felsen zwischen Wiesen mit Obstbäumen bis zur Wandertafel und kommen (weiter Markierung stilisiertes Walberla) zu einer Gabelung mit einer Bank. Dort wenden wir uns nach links, steuern auf die Asphaltstraße bei der Quelle und dem Parkplatz zu und gehen auf bekannter Straße zum Ausgangspunkt zurück.

Das Walberla-Fest

An jedem ersten Sonntag im Mai findet auf dem Berg das sogenannte Walberla-Fest statt, eigentlich ein Patronatsfest der heiligen Walburga, das aber von einem alten heidnischen Opferfest zu Ehren Wodans herrührt. Dann herrscht auf dem Walberla eine ausgelassene Atmosphäre inmitten der vielen aufgebauten Stände und Zelte, und wer weiß, vielleicht tanzen auch die Hexen in der Walpurgisnacht herum ...

Bizarre Kalkfelsen bestimmen das Bild am Walberla.

34 Von Pegnitz zum Kleinen Kulm

Aussichtsturm und Badefreuden

| mittel | 13 km | 204 m | 3.30 Std. |

Alter
Ab 8 Jahren

Tourencharakter
Bequeme Wanderung, vorwiegend auf breiten Wald- und Feldwegen, streckenweise mit schönen Aussichten

Ausgangs-/Endpunkt
Marktplatz in Pegnitz

Anfahrt
Bahn/Bus: Busverbindung mit Bayreuth. Bahn bis Pegnitz. Auto: A 9 bis zur Anschlussstelle Pegnitz/Grafenwöhr und weiter in den Ort

Einkehr
Ratsstube Pegnitz, Tel. 09241/ 80 90 84, www.ratsstube-pegnitz.de, Dienstag Ruhetag, geöffnet Sonntagmittag und Mittwoch bis Samstag ab 17:00 Uhr, Kinderspeisekarte

GPS-Koordinaten
49.758009, 11.539978

Karte
Fritsch Wanderkarte 1:50 000, Naturpark Fränkische Schweiz – Veldensteiner Forst – Hersbrucker Alb, Blatt Süd

Information
Tourist-Information Pegnitz, Tel. 09243/708 41, www.pegnitz.de

Der Kleine Kulm ist nicht nur der höchste Berg der Fränkischen Schweiz, sondern auch wegen seiner schönen Aussicht ein beliebtes Ausflugsziel. Nach der Wanderung bietet sich ein Aufenthalt im CabrioSol in Pegnitz an, das mit einer super Kinderbadelandschaft aufwartet.

Vom Marktplatz in Pegnitz gehen wir zur B 2 und wenden uns dort nach rechts. Kurz vor dem Ortsausgang schwenken wir nach links in die Straße Am Buchauer Berg und laufen, der Markierung roter Querstrich folgend, auf der Asphaltstraße aufwärts. Bald verlassen wir die Straße nach rechts und wandern auf einem Waldpfad weiter. Er führt am Finkenbrünnlein vorbei

und trifft am Rast- und Grillplatz Vogel-brunnen auf einen querenden Asphaltweg. Hier wenden wir uns nach rechts und folgen der Markierung roter Querstrich nach links. Wir befinden uns nun auf dem Heckenweg, einem reizvollen Abschnitt der Wanderung. Er ist als Lehrpfad ausgewiesen und führt zwischen Hecken aus verschiedenen Laub-gehölzen entlang, die im Frühsommer mit ihren Blüten und im Herbst mit leuchtenden Früchten auf sich aufmerksam machen. Schlehen, Roter Hartriegel, Ebereschen, Holunder, Heckenrosen und Weißdorn sind nur einige der attraktiven Arten. Solche He-cken bieten zahlreichen Vögeln Nahrung und Unterschlupf, sind aber auch ein wichti-ger Lebensraum für unzählige Insekten. Hier können die Kinder eine Weile nach der Tierwelt Ausschau halten. Nach links bie-ten sich immer wieder schöne Ausblicke über eine Hügellandschaft mit Wiesen und Feldern.

Der Marktplatz in Pegnitz

Nun folgen wir einem steinigen Feldweg bis zur Autobahn, die wir auf einer Brücke über-queren. Anschließend wenden wir uns nach rechts und wandern, dem Wegweiser fol-gend, hinauf zum Kleinen Kulm (627 m) mit seinem fünfzehn Meter hohen Aussichts-turm. Dieser wurde im Jahr 2000 neu errich-tet, und von seiner Plattform aus bietet sich ein großartiger Rundblick. Welche Orte und Erhebungen zu sehen sind, kann man auf ei-ner Infotafel lesen. Einst stand hier die Burg Wartberg, von der aber von einer Wiese aus nur noch ein Mauerrest übrig geblieben ist. Vom Aussichtsturm gehen wir zunächst einige Meter auf dem Hinweg zurück, wen-den uns dann aber nach links und folgen der Markierung roter Querstrich durch den Wald. Unser Weg führt parallel zur Auto-bahn zwischen Feldern dahin und umgeht

ein Gräberfeld der Kelten, die hier 400 v. Chr. lebten und 73 Hügelgräber hinterließen.

Nach dem Gräberfeld gehen wir geradeaus weiter, unterqueren aber die Autobahn noch nicht bei der ersten Gelegenheit. Unser Weg führt noch an der Autobahn entlang, bis wir bei einem Abzweig rechts an einer sehr schmalen Autobahnunterführung einen großen gelben Punkt sehen. Dieser leitet uns nun unter der Autobahn hindurch, und wir wandern zunächst auf einem Trampelpfad, dann an den Kreuzwegstationen eines Wallfahrerwegs vorbei durch Wald hinab nach Büchenbach. Dort treffen wir beim Telefonhäuschen auf eine Ortsdurchgangsstraße, schwenken hier nach rechts und gehen auf dieser Straße bis zum Ende des Ortes. Dort leiten uns ein Wegweiser und die Markierung gelber Punkt bis nach Kaltenthal. Gleich am Ortsanfang treffen wir auf den Wegweiser Buchau/Pegnitz, wenden uns dort nach halb rechts und wandern nun auf einem schönen Hangweg durch das Erlbachtal in Richtung Buchau. Bei der Bushaltestelle in Lehm erreichen wir die Ortsverbindungsstraße, wenden uns hier nach rechts und sind auch schon in Buchau.

Auf dem Fußweg neben der Straße gehen wir so weit durch den Ort, bis rechts die Straße Hirtengraben abzweigt. Auf dieser laufen wir wenige Meter bis zum Brunnen am Feuerwehrhaus, halten uns dort links und schwenken dann gleich nach rechts in die Hofgasse ein. Nun wandern wir steil hinauf zum Schusterberg, wo wir schöne Aussichten über die Weite der Landschaft genießen. Dann geht's allmählich abwärts, und wir sehen Pegnitz nah vor uns liegen. Zunächst kommen wir aber noch zum Rast- und Grillplatz Vogelbrunnen, gehen dort geradeaus weiter und treffen dann in Pegnitz auf die Raumergasse. Diese bringt uns zur B 2 und wieder zu unserem Ausgangspunkt zurück.

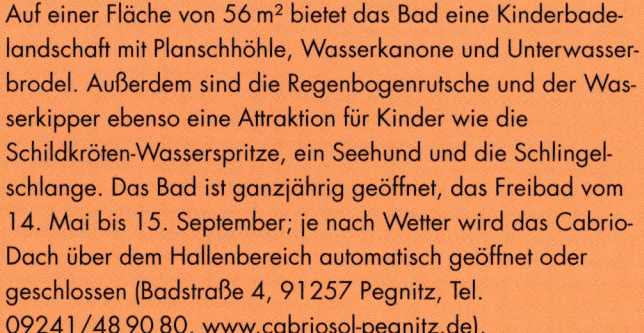

Ganzjahresbad CabrioSol

Auf einer Fläche von 56 m² bietet das Bad eine Kinderbadelandschaft mit Planschhöhle, Wasserkanone und Unterwasserbrodel. Außerdem sind die Regenbogenrutsche und der Wasserkipper ebenso eine Attraktion für Kinder wie die Schildkröten-Wasserspritze, ein Seehund und die Schlingelschlange. Das Bad ist ganzjährig geöffnet, das Freibad vom 14. Mai bis 15. September; je nach Wetter wird das Cabrio-Dach über dem Hallenbereich automatisch geöffnet oder geschlossen (Badstraße 4, 91257 Pegnitz, Tel. 09241/48 90 80, www.cabriosol-pegnitz.de).

Von Pottenstein nach Elbersberg

Allerlei Vergnügen am Wegesrand

35

Diese gemütliche Wanderung im Weihersbachtal bietet zahlreiche Aktivitäten für Kinder. Neben der beliebten Sommerrodelbahn lädt das Bungee-Trampolin ebenso ein wie eine Bootsfahrt auf dem Schöngrundsee oder Schwimmen im Felsenbad.

Wir beginnen diese Wanderung in Pottenstein an der B 470 beim Parkplatz am Abzweig der Straße nach Gößweinstein (gegenüber der Elisabethstatue) und folgen dem schönen Wanderweg in das Weihersbachtal in Richtung Schöngrundsee (Markierung blauer und gelber Strich, auch Frankenweg). Schattenspendende Bäume begleiten uns und auf der gegenüberliegenden Seite bestimmen bizarre Felsen das Bild. Wir erreichen den Schöngrundsee, wo Frankenrodel, Frankenbob und Bungee-Trampolin einladen. Wer es ruhiger liebt, kann auf dem Schöngrundsee mit dem Boot fahren (Bootsverleih Tel.: 09243/813) oder im Felsenbad gleich daneben faulenzen. Das Naturbad wurde in den Zwanzigerjahren des vorigen Jahr-

leicht	11 km	200 m	3 Std.

Alter
Ab 6 Jahren

Tourencharakter
Angenehme Wanderung auf Wiesen- und Feldwegen, nur kurzer Anstieg nach Elbersberg

Ausgangs-/Endpunkt
Pottenstein

Anfahrt
Bahn/Bus: Busverbindung mit Pegnitz. Bahn bis Pegnitz, dann Bus 389. Auto: A 9 bis zur Anschlussstelle Pegnitz/ Grafenwöhr, auf der B 2/ B 490 nach Pottenstein

GPS-Koordinaten
49.770012, 11.409645

Karte
Fritsch Wanderkarte 1:50 000, Naturpark Fränkische Schweiz – Veldensteiner Forst – Hersbrucker Alb, Blatt Süd

Information
Verkehrsbüro Pottenstein, Tel. 09243/ 708 41, www.pottenstein.de

Franken-Rodel und Bungee-Trampolin

Die Rodelbahn ist mit 1160 Metern Länge eine der längsten in Europa und lässt die Rodler in einer Edelstahlmulde bei einer Höchstgeschwindigkeit von 40 Stundenkilometern ins Tal rauschen. Seit 2003 gibt es hier außerdem den Frankenbob, eine 1000 Meter lange Bahn, die im Sommer wie Winter (Sonntagnachmittag oder auf Nachfrage) startklar ist. Das Bungee-Trampolin ist besonders bei Wagemutigen beliebt, denn es erlaubt Sprunghöhen bis 8 Meter (Tel. 09243/922 00, www.sommerrodelbahnen-pottenstein.de).

Der Wanderweg führt an der leider mittlerweile geschlossenen Schüttersmühle vorbei.

hunderts erbaut und wird von mehreren Quellen gespeist. Hier lädt auch eine Gaststätte mit einem der schönsten Biergärten Bayerns zum Verweilen ein.

Nach dieser Verschnaufpause wird es vielleicht schwer sein, die Kinder wieder wegzulotsen. Aber wir probieren es und setzen unsere Wanderung am Schöngrundsee entlang zur Teufelshöhle fort (siehe Tour 51). Vom Höhleneingang gehen wir mit dem roten Punkt auf einem schönen Waldpfad in Richtung Schüttersmühle. Da dieses Lokal dauerhaft geschlossen ist, setzen wir unseren Weg etwa 200 Meter entlang der B 470 fort. Dann überqueren wir die Straße und folgen einem Asphaltweg aufwärts (Wegweiser Elbersberg). Es beginnt ein kurzer steiler Anstieg, dann ein allmählich ansteigender Weg durch Mischwald, zwischen Feldern und Wiesen. Elbersberg erreichen wir an einer Birke mit Bank, Kruzifix und einer Wandertafel. Der Ort wurde bereits 1109 als Gut des Benediktinerklosters Weißenohe genannt. Mitte des 14.Jahrhunderts wurde er dem Ort Pottenstein eingegliedert. Wir setzen unseren Weg in den Ort fort und erreichen mit der Markierung blauer Senkrechtstrich die Elbersberger Kapelle (18.Jh.). Auf einem aussichtsreichen Höhenweg wandern wir an Feldern vorbei, teilweise mit Gebüschstreifen aus

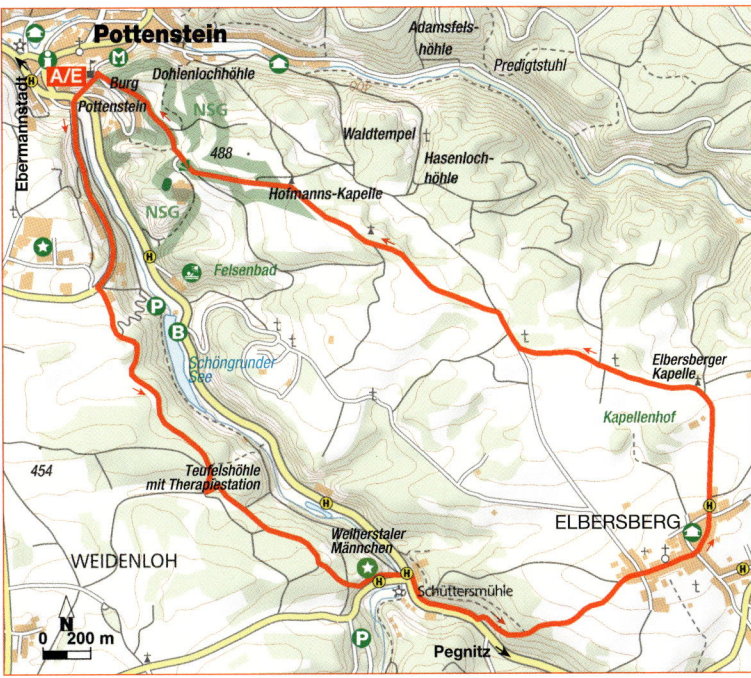

Schlehen, Heckenrosen und Pfaffenhütchen, und erreichen bald die Himmelsleiter, einen 37 Meter hohen Aussichtsturm. Anschließend begleiten Marterl den Weg zu einem schönen Sitzplatz mit der Hofmanns-Kapelle und die Markierung blauer Senkrechtstrich führt über Trockenhänge mit Thymian zur Burg Pottenstein, dem Wahrzeichen des Ortes. Der Name geht auf den Pfalzgraf Botho von Kärnten zurück und entwickelte sich von Bothostein über Bodinstein zu Pottenstein. Die Burg wurde bereits 918 unter König Konrad als Befestigung gegen die Slawen und Magyaren (Ungarn) errichtet.

In den Jahren 1228 und 1229 bot sie der heiligen Elisabeth Zuflucht. Ihre heutige Form erhielt die Burg im 16. Jahrhundert. Das obere Hauptgebäude ist für Besichtigungen geöffnet. Dazu gehören der Rittersaal, das Elisabethzimmer und der Rote Salon, auch der ehemalige Bergfried, die Zehntscheune und das Brunnenhaus – sicher auch für Kinder interessant, auf einmal quasi im Mittelalter zu sein (geöffnet vom 1. Mai bis letztes Oktoberwochenende täglich außer Montag von 10.00 bis 17.00 Uhr).

Von der Burg folgen wir einem von Birken gesäumten Stufenweg abwärts, biegen auf der Fahrstraße nach rechts und treffen in Pottenstein auf die B 470 bei Elisabethstatue und Parkplatz.

Kinderfreuden am Schöngrundsee

113

36 Das Felsendorf Tüchersfeld

Kleine Kraxelei auf großem Fels

schwer	3 km	30 m	Bahn: 1.30 Std. Auto: 1 Std.

Alter
Ab 6 Jahren

Tourencharakter
Schmaler Felsenpfad mit kleiner Kletterpassage

Ausgangs-/Endpunkt
Bahn/Bus: Haltestelle Tüchersfeld. Auto: Wanderparkplatz am Ortsende von Tüchersfeld

Anfahrt
Bahn/Bus: Bis Bahnhof Pegnitz; weiter mit Bus 389 bis Bushaltestelle Tüchersfeld. Auto: A 9 bis Ausfahrt Pegnitz/Grafenwöhr; weiter auf der B 470 über Pottenstein nach Tüchersfeld; durch den Ort bis zum Wanderparkplatz. Alternativ auf der A 73 bis Ausfahrt Forchheim; weiter auf der B 470 über Ebermannstadt nach Tüchersfeld; durch den Ort bis zum Wanderparkplatz

GPS-Koordinaten
49.785891, 11.359648

Karte
Landesamt für Vermessung und Geoinformation 1:50 000, Naturpark Fränkische Schweiz, Veldensteiner Forst, Südl. Teil

Einkehr
Brotzeitstüberl Tüchersfeld, Tel. 09242/14 53

Information
Tourist-Info Pottenstein, Tel. 09243/708 16, www.pottenstein.de

Das imposante Felsendorf sieht so entzückend aus, dass es sogar auf einer Briefmarke abgebildet wurde. Ein kleiner, verwunschener Pfad führt uns mit einer kurzen Kraxelpassage durch das Felsentor hinauf auf die Felsburg des ehemaligen Riffes.

Als Wahrzeichen des Ortes gelten die steil aufragenden Felsen, Reste eines in der Jurazeit entstandenen Riffes, das in Jahrtausenden von der Püttlach geformt wurde. Dabei schnitt sich die Püttlach in den Frankendolomit ein und präparierte einen Umlaufberg als Insel heraus. Unser Pfad beginnt ganz unscheinbar am Wanderparkplatz und führt entlang einer Felswand in den Wald hinauf. Er schlängelt sich um Felsblöcke herum, geht teilweise über Stufen ein Stück wieder bergab, bis wir abenteuerlich durch das Felsentor hinaufkraxeln, um zum Aussichtspunkt zu kommen. Auf dem Rückweg sollten Sie unbedingt einen Ein-

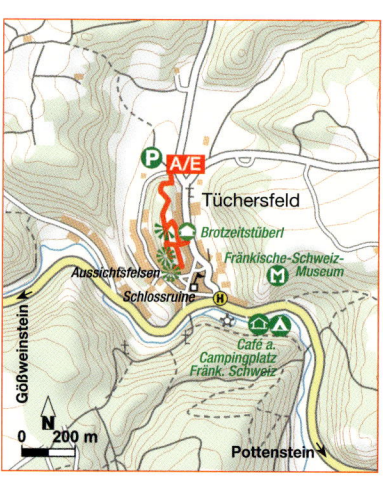

Blick in den Judenhof

kehrschwung im Brotzeitstüberl machen. Der Pfad führt direkt in den Hof der Wirtin, die ihre Gäste gleich freundlich begrüßt. Vor ihrer Tür hängt ein Schild, auf dem sie Wanderern ausdrücklich erlaubt, ihre mitgebrachte Brotzeit in ihrer warmen Stube zu verzehren. Das hat uns sehr imponiert. Doch die Speisekarte verspricht auch leckere fränkische Spezialitäten.

Das imposante Felsendorf Tüchersfeld

115

37 Auf den Nußhardt und den Schneeberg

Vom Moorsee auf das Dach des Fichtelgebirges

leicht Nußhardt: 8 km   200 m   3 Std.
Schneeberg: 11,5 km   270 m   4 Std.

Alter
Ab 8 Jahren

Tourencharakter
Wurzel- und Felswege durch den Wald; dann felsiger Waldweg; schöner Höhenweg vom Nußhardt zum Schneeberg

Ausgangs-/Endpunkt
Bahn/Bus: Bushaltestelle Neubau bei Fichtelberg Auto: Wanderparkplatz Fichtelsee in Neubau

Anfahrt
Bahn/Bus: Bahnhof Weidenberg; Bus Linie 369 bis Haltestelle Neubau Auto: A 9 bis Ausfahrt Bad Berneck oder Bayreuth; über Bischofsgrün Richtung Marktredwitz bis Fichtelberg; zum Wanderparkplatz Fichtelsee

GPS-Koordinaten
50.012317, 11.848196

Karte
Fritsch Wanderkarte 1:50 000, Naturpark Fichtelgebirge/Steinwald Nr. 52

Einkehr
Seehaus, Tel. 09272/222, www.fgv-seehaus.de, Montag Ruhetag

Information
Tourist-Info Fichtelgebirge, Tel.09272/96 90 30, www.fichtelberg.de

Ein abenteuerlicher Wanderweg führt uns vom Fichtelsee über das Seehaus zum Nußhardt mit seinem felsigen Gipfelaufbau und spannenden kleinen Höhlen. Wer noch Lust zum Weitergehen hat, kann auf einem wunderschönen Höhenweg den Schneeberg erreichen.

Mitten im Fichtelgebirge beginnt unsere Wanderung an dem wunderschön gelegenen Fichtelsee. Der Moorsee lädt im Sommer zu einem kühlen Bad ein. Der weiche, federnde Waldboden bringt uns bereits nach einigen Metern zu einem kleinen Waldspielplatz. Hier sollten Sie unbedingt Zeit zum Spielen einplanen. Weiter geht es auf schmalen, steigähnlichen Wegen durch den Wald vorbei an unzähligen Heidelbeerbüschen, die hier

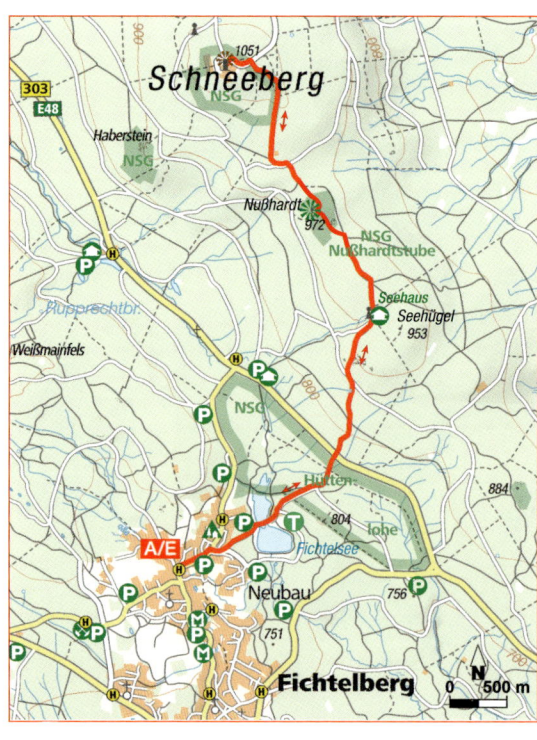

116

Ende Juli geerntet werden können. Bis wir den steileren Anstieg unserer Tour erreichen, haben wir bereits die Hälfte des Weges geschafft. Doch nun wird der Weg immer abenteuerlicher und felsiger. Am Wegesrand finden wir eine Heerschar von Steinmännchen, die dazu einladen, weitere zu bauen. Sobald wir aus dem Wald kommen, sehen wir bereits das Seehaus. Seine besondere Architektur lädt uns schon von Weitem ein. Der Spielplatz vor dem Haus, die große sonnige Terrasse und die verführerische Speisekarte mit Kaiserschmarrn und Apfelstrudel lässt kaum einen Wanderer vorbeiziehen. Selbst Johann Wolfgang von Goethe war im Jahre 1785 hier zu Gast.

Gut gestärkt sollten Sie sich aber noch aufmachen und die restlichen 700 Meter zum Nußhardt gehen, um von dort die Aussicht über das Fichtelgebirge zu genießen. Den Aussichtspunkt erreichen Sie über eine steile Holztreppe. Unter dem Felsaufbau des Gipfels befindet sich eine Höhle, die sogenannte Nußhardt-Stube, die sie mit Ihren Kindern unbedingt erkunden sollten.

Wer noch Zeit und Lust hat, kann auf einem wunderschönen Höhenweg in einer Dreiviertelstunde auf den höchsten Gipfel Frankens, den Schneeberg (1051 m), wandern. Das Backöfele ist

Gemütliche Terrasse vor dem Seehaus

Bereits Johann Wolfgang von Goethe verweilte hier am Seehaus.

eine hölzerne Aussichtsplattform, die uns eine gute Aussicht über das Fichtelgebirge verspricht. Doch steht es im Schatten eines gigantischen Turms aus Stahl, der zu militärischen Zwecken von den US-Streitkräften errichtet wurde und zur Zeit des Kalten Krieges auch von der Bundeswehr genutzt wurde.

Von der Bushaltestelle beziehungsweise dem Parkplatz laufen wir in den Wald zum Fichtelsee, den wir bereits sehen können. Wir umrunden den See an der Ostseite und folgen den Wegweisern »Haberstein/Schneeberg« über die Brücke des Fichtelsees bis zum Waldhotel am Fichtelsee. Dort gehen wir weiter am Nordufer des Sees entlang und folgen ab hier immer der Markierung mit dem weißen Kreuz auf blauem Grund, die uns zu unserer Einkehr, dem Seehaus, führt. Mit dem Schild

Tipp

An heißen Tagen sollten Sie unbedingt nach der Tour ein kühles Bad im Fichtelsee nehmen. Der nördliche Strandabschnitt neben dem Waldhotel bietet sogar einen kleinen Felsen, von dem aus Ihre Kinder in das Wasser des Moorsees springen können. Wenn Sie Boot fahren möchten, können Sie hier auch eines ausleihen.

»Seehaus 2,1 km« verlassen wir den Uferweg und kommen an einem kleinen Waldspielplatz vorbei. Wir folgen der Markierung mit dem weißen Kreuz auf blauem Grund auf einen weichen Waldweg.

Der Wald wird nach kurzer Zeit durch eine stark befahrene Bundesstraße unterbrochen, die wir überqueren müssen. Bitte Vorsicht an dieser Stelle! Ab hier geht es nun bergauf auf abenteuerlichen, wunderschönen kleinen Fels- und Wurzelwegen, wobei wir ab und zu einen Forstweg überqueren müssen.

Nach der Einkehr im Seehaus folgen wir dem Schild »Nußhardt 0,7 km«. Nach 200 Metern auf der Forststraße führt uns das Schild »Nußhardt 0,5 km« nach links wieder auf einen spannenden felsigen Waldweg, der uns zum Aussichtspunkt auf den Nußhardt führt.

Wer noch Lust hat, kann auf einem wunderschönen Höhenweg, der als kleiner Waldpfad zum Schneeberg führt, weitergehen und der Beschilderung »Schneeberg, 1,8 km« folgen.

Kleine Wandersleut zwischen Nußhardt und Schneeberg

Links: Der Fichtelsee lädt zum Baden ein.

38 Felsenlabyrinth Luisenburg und Kösseine

Europas größtes Granitsteinmeer

leicht	Labyrinth: 3 km Gipfel: 9,5 km	100 m 385 m	2.30 Std. 4.30 Std.

Alter
Ab 3 Jahren Felsenlabyrinth,
ab 8 Jahren Kösseine

Tourencharakter
Wanderung vorbei an riesigen
Felsbrocken, durch Höhlen und
Schluchten auf spannenden
Waldpfaden über Holztreppen
und Aussichtskanzeln

Ausgangs-/Endpunkt
Parkplatz Luisenburg

Anfahrt
Bahn/Bus: Bhf. Marktredwitz,
weiter mit Rufbus 8233 bis Luisenburg (muss 1h vorher unter
Tel. 09232-80700 gebucht
werden!), www.bayern-fahr-
plan.de. Auto: A 9 bis Bad Berneck bzw. A 93 bis Ausfahrt
Marktredwitz-Nord; B 303 bis
Wunsiedel; Beschilderung
Luisenburg folgen

GPS-Koordinaten
49.987959, 11.979775

Karte
Fritsch Wanderkarte
1:50 000, Naturpark Fichtelgebirge und Naturpark Stein-
wald Nr. 52

Einkehr
Kösseinehaus, Tel. 09232/2061

Information
Tourist-Info Wunsiedel,
Tel. 09232/60 21 62,
www.wunsiedel.de

Im Felsenlabyrinth Luisenburg tauchen wir ein in das einmalige Naturereignis, das gigantische Granitstein-meer. Dann geht es weiter zur Kösseine, dem aussichts-reichsten Berg des Fichtelgebirges.

Der Rundweg durch das Felsenlabyrinth lässt nicht nur die Kin-derherzen höher schlagen. Er umfasst 25 thematische Stationen, die wir über Holzstiegen, durch enge Felsspalten und span-nende kleine Wurzelpfade erreichen. Da heißt es des Öfteren Kopf einziehen und sich dünne machen, damit man durch die schmalen Felsspalten kommt. Hier haben die Erwachsenen eher das Nachsehen, denn bevor sie überlegen, wie sie nun die eine

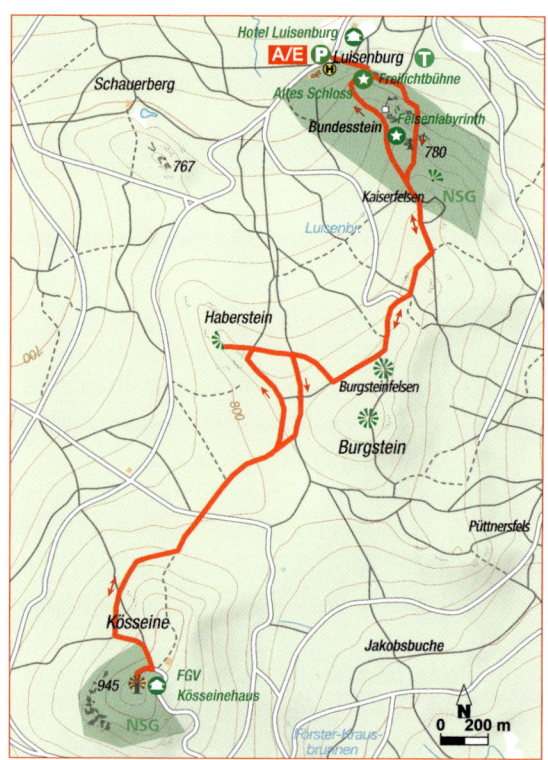

oder andere Passage durchqueren, ist der Nachwuchs schon längst weiter. Der spannende Felsenweg führt uns entweder über den Hauptweg oder durch die Wolfsschlucht auf den Bundesstein. Hier können wir das Gipfelkreuz erklimmen und werden mit einer grandiosen Aussicht ins Fichtelgebirge belohnt. An dieser Stelle können Sie entscheiden, ob sie nun auf dem Rundweg durch das Felsenlabyrinth den Rückweg antreten, oder auf einem von Blaubeersträuchern gesäumten Wanderweg mit weiteren lohnenden Aussichtsfelsen zur Kösseine gehen, um dort im Biergarten zu rasten.

Die Kösseine ist die höchste Erhebung eines aus Granit bestehenden Bergstocks. Urkundlich wurde sie erstmals 1283 als »Chozin« – der Ziegenberg – erwähnt. Das preußische Königspaar unternahm im Jahre 1805 einen Spazierritt zur Kösseine. Für diesen Ritt wurde eigens ein Weg angelegt, der heute noch »Königsweg« heißt. Von der Aussichtsplattform kann man an klaren Tagen die Zugspitze sehen.

Auf dem Rückweg machen wir noch einen kleinen Abstecher zum Kleinen und Großen Haberstein, die über Holztreppen bestiegen werden können. Bei dieser Felsformation sieht man besonders gut die matratzenartige Verwitterungsform des Granits. Schon Johann Wolfgang von Goethe besuchte die Luisenburg und erstellte Studien über die Verwitterung des Granits, die eine geologische Gesteinsbildung in einem Urmeer voraussetzt. Um 1800 wurde aus dem Felsenlabyrinth ein bürgerlicher

> **Tipp**
>
> Ein Höhepunkt sind von Mai bis August die Luisenburg-Festspiele auf der einzigartigen Naturbühne. Natürlich kommen auch Kinder- und Jugendstücke nicht zu kurz, die im Rahmen eines theaterpädagogischen Angebotes vertieft werden können. Hier geben Theatermacher und Schauspieler Einblicke in das Theaterleben. Weitere Infos unter Tel. 09232/60 21 62 oder www.luisenburg-aktuell.de.

Im Felsenlabyrinth Luisenburg

Landschaftsgarten gestaltet, der zu Ehren der jungen preußischen Königin »Luisenburg« genannt wurde.

Der mit blauem Pfeil gut markierte Hauptweg führt zum Alten Theaterplatz. Hier haben wir die Möglichkeit, durch die Wolfsschlucht zu wandern, indem wir der gelben Markierung folgen. Während der Festspielzeit ist dieser Weg allerdings gesperrt. Der Hauptweg führt über die Burgtreppe und das Alte Schloss zur Mariannenhöhe und weiter über das kleine Labyrinth mit Teufelstreppe zum Gipfelkreuz auf dem Bundesstein. Hier können wir zum Gipfelkreuz hinaufkraxeln und werden mit einer grandiosen Aussicht ins Fichtelgebirge belohnt. Der Abstieg ist

Auf einer Bergtour schmeckt die Brotzeit am besten.

mit roten Pfeilen markiert und führt uns an den Stationen der Drei Brüder, der Zuckerschmuggler-Achse mit Napoleonshut und der Insel Helgoland vorbei. Unterhalb des Luisensitzes gelangen wir wieder zu unserem Ausgangspunkt. Für den Weiterweg zur Kösseine gehen wir vom Gipfel des Bundessteins den

Waldwanderweg weiter und folgen dem Schild »Burgstein–Kösseine« mit blau-weißer Markierung. Vorbei an Kaiser- und Burgsteinfelsen geht unser Weg mit blau-weißer Markierung beziehungsweise einem roten Pfeil auf dem Fränkischen Gebirgsweg zur Kösseine. An einer unbeschilderten Weggabelung nehmen wir den rechten schmalen Weg, der mit Steinplatten angelegt wurde und uns erst ein Stück bergab und dann das letzte Stück etwas steiler hinauf durch den Wald auf den Gipfel der Kösseine und zugleich zum Kösseinehaus bringt.

Auf dem Rückweg folgen wir dem Schild »Haberstein, Burgstein«, das uns zuerst zum Kleinen Haberstein und dann zum

Großen Haberstein führt. Nach dem Großen Haberstein gehen wir ein Stück des Weges bis zum Schild »Luisenburg, 1,2 km« zurück. Der Weg führt uns nun auf gleicher Strecke wieder zum Felsenlabyrinth. Am Fuße des Bundessteines folgen wir dem roten Pfeil zum Abstieg durch die Luisenburg.

Kleine Kraxelei im Felsenlabyrinth

Links: Abenteuerwege durch das verwunschene Felsenlabyrinth Luisenburg

39 Auf den Hesselberg

Traumhafter Weg auf den höchsten Berg
Mittelfrankens

leicht	Bus: 10 km Auto: 9 km	Bus: 260 m Auto: 200 m	Bahn: 3.30 Std. Auto: 2.30 Std.

Alter
Ab 6 Jahren

Tourencharakter
Auf Wanderwegen und Pfaden
durch Streuobstwiesen, Wald
und über Trockenwiesenhänge

Ausgangs-/Endpunkt
Bahn/Bus: Haltestelle Wittelshofen. Auto: Parkplatz Geologischer Wanderweg Hessel-
berg bei Wittelshofen

Anfahrt
Bahn/Bus: Bhf. Ansbach; Bus
Linie 805 bis Dinkelsbühl; mit
Bus Linie 825 bis Wittelshofen,
Auskunft Tel. 0911/989 78 10.
Auto: A 7 bis Dinkelsbühl; hier
Richtung Wassertrüdingen bis
Wittelshofen; links nach Ehin-
gen zum Geologischen Wan-
derweg Hesselberg

GPS-Koordinaten
49.060988, 10.482587

Karte
Landesamt für Vermessung und
Geoinformation 1:50 000,
Ries, Hesselberg, Nördlingen,
Dinkelsbühl

Einkehr
Evangelisches Bildungszentrum
Hesselberg, Tel. 09854/ 100,
www.ebz-hesselberg.de

Information
Touristikverband Hesselberg
e. V., Tel. 09854/97 97 78,
www.hesselberg.de

**Ein schöner Höhenweg führt auf dem westlichen Rü-
cken des Hesselberges durch Streuobstwiesen, Wald und
über weite Trockenwiesenhänge mit Wacholderbüschen
hinauf zum Gipfel.**

Der Hesselberg ist mit 689 Metern die höchste Erhebung Mittelfrankens. Aufgrund seiner Alleinlage bietet er auf der gesamten
Wanderung weite Ausblicke. Der geologische Lehrpfad erklärt

mit seinen Informationstafeln auf sehr anschauliche Art die Entstehung dieses Berges, der im Vorland der südlichen Frankenalb liegt. Als alter Zeugenberg bietet er einen aufschlussreichen Einblick in die Erdgeschichte der Jurazeit. Nach einer guten Stunde Aufstieg wartet schon eine Einkehrmöglichkeit im Café des Evangelischen Bildungszentrums. Ein interessant gepflastertes Labyrinth ist in der Nähe des Hauses zu finden. Weiter geht es über die duftenden Trockenwiesenhänge mit Silberdisteln hinauf zur Osterwiese. Diese eignet sich hervorragend zum Drachensteigen. Auch einige Gleitschirmflieger treffen wir hier oben an, die wir beim Absprung am Nordhang bewundern

Tipp

An heißen Tagen empfehlen wir ein kühles Bad im Röckinger Weiher, der am östlichen Fuße des Hesselberges liegt. Schattige Liegewiesen, eine Rutsche und ein Floß im Weiher versprechen Badevergnügen für Groß und Klein. Den Badeweiher findet man am Ende des Feldweges, der am Friedhof in Röckingen vorbei zum Fuße des Hesselberges führt.

dürfen. Nun ist es nicht mehr weit zum Gipfel. Ein kleiner Pfad führt uns anschließend zu einem schönen Picknickplatz mit einem kleinen Holzhaus. Der am Westhang gelegene Platz bietet wohl die schönsten Sonnenuntergänge dieser Region. Eine ansprechende Tour, die durchaus den Charakter einer Bergwanderung hat. Eine Begegnung der besonderen Art erlebt man, wenn man auf die etwa 500 Schafe und Ziegen auf dem Hesselberg trifft, die dort dafür sorgen, dass die Trockenwiesenhänge gepflegt werden.

Um einen Einblick in das Leben der Römer, die hier am Limes lebten, zu bekommen, ist ein Besuch des nahe gelegenen Römerparks Ruffenhofen sehr lohnenswert. Neben dem Limeseum bietet der Park ein

Der Hesselberg aus der Vogelperspektive

125

Von oben sieht die Welt am
schönsten aus.

Mini-Kastell, einen Tempel, eine Ausgrabungsstelle, ein Laby-rinth und Handelsszenen aus dem Leben der Römer sowie inter-aktive Stationen für Kinder. Weitere Infos unter Tel. 09854/ 979 92 42 oder www.roemerpark-ruffenhofen.de.

Bahn- und Busfahrer folgen der Hauptstraße in östlicher Richtung über die Sulzach. Dann geht es links mit dem Wegweiser »Geolo-gischer Wanderweg Hesselberg, Ehingen« auf eine Fahrstraße. An einer Straßengabelung folgen wir rechts diesem Wegweiser bergauf zum Wanderparkplatz, von dem aus auch die *Autofahrer* starten. Nun folgen wir den Wegweisern »Geologischer Lehr-pfad, Hesselberg, Gipfel« bergauf. Über eine Streuobstwiese ge-langen wir in den Wald. Dann folgt ein flacher Wegabschnitt, der uns zu einer Weggabelung im Wald führt. Hier gehen wir rechts und folgen nun dem Wegweiser zum Evangelischen Bildungs-zentrum weitgehend eben. An einer Weggabelung geht es rechts mit dem Wegweiser »Rundwanderweg 1« zum Evangelischen Bildungszentrum. Dabei überqueren wir die Hesselbergstraße und folgen dem Schild zum Café.

Am Café gehen wir noch ein Stück in östlicher Richtung durch die Anbauten des Evangelischen Bildungszentrums, dann neh-men wir rechts die Stufen bergab, vorbei an einer Feuerstelle und einem Kreuzraum. An einem Tor gehen wir dann links und fol-gen dem Hesselbergpfad. Wenn wir den Sendeturm sehen, füh-ren mehrerer kleinere Pfade über die Trockenwiesenhänge hinauf zur Osterwiese. Dort angelangt, gehen wir an einer Weg-gabelung links, dem Wegweiser »Wassertrüdingen, Lenters-heim« nach. Genau diesen Wegweiser ignorieren wir an der nächsten Weggabelung und gehen nun ohne Beschilderung an der nördlichen Hangkante weiter. Wir gelangen auf einen breiten Wanderweg, der uns nach Überquerung der Hesselbergstraße zum Gipfel führt. Dann geht es mit dem Wegweiser »Geologischer Lehrpfad, Hesselberg, Wittelshofen« wieder bergab. An den Abzweigen Richtung Judensteig und Ehingen gehen wir weiter geradeaus. An oben erwähntem Picknickplatz geht es dann über Stufen bergab zu einer Weggabelung. Hier folgen wir weiter dem Wegweiser »Geologischer Lehrpfad, Hesselberg, Wittelshofen« zurück zu unserem Ausgangspunkt. Die restliche Wegstrecke ist identisch mit dem Anstieg der ersten Etappe.

Schlüsselblumenwiese auf dem Hesselberg

40 Auf den Höhen des Hahnenkamms

Berg mit Blick ins Fränkische Seenland

| leicht | 3 km | 60 m | 45 Min. |

Alter
Ab 3 Jahren

Tourencharakter
Aussichtsreiche Wanderung auf schmalen Pfaden mit herrlichen Weitblicken auf das Fränkische Seenland

Ausgangs-/Endpunkt
Wanderparkplatz Gelber Berg

Anfahrt
Auto: A 6 bis Ausfahrt Gunzenhausen; weiter auf der B 466 nach Gunzenhausen; in Gunzenhausen auf die B 13 Richtung Treuchtlingen; nach Dittenheim rechts Richtung Heidenheim bis zum Wanderparkplatz Gelber Berg

GPS-Koordinaten
49.037389, 49.037389

Karte
Landesamt für Vermessung und Geoinformation 1:50 000, Fränkisches Seenland

Einkehr
Gasthof Gentner in Spielberg, Tel. 09833/98 89 30, www.gasthof-gentner.de, Öffnungszeiten: Mittwoch bis Sonntag und feiertags, 11.30–14 Uhr und 18–23 Uhr, Montag und Dienstag Ruhetag

Information
Tourist-Info Gunzenhausen, Tel. 09831/50 83 00, www.gunzenhausen.info

Der Gelbe Berg mit seinen verschlungenen Pfaden sowie den vielen Mulden und Kletterbäumen auf dem Bergplateau, die zum Spielen und Verstecken einladen, ist für Kinder besonders attraktiv.

Ein kleiner Pfad führt vom Wanderparkplatz hinauf zum Gelben Berg. Wir empfehlen Ihnen eine aussichtsreiche Runde um den Gelben Berg auf wunderschönen Pfaden mit lohnenden Weitblicken in das Fränkische Seenland. Der Trockenrasen wird von Schafen und Ziegen gepflegt, die hier des Öfteren in großer Zahl anzutreffen sind. Die vielen Mulden auf dem Bergplateau sind ein idealer Naturspielplatz. Liegende Baumstämme und niedrige Äste alter Bäume sind ein kleines Kletterparadies. Bei win-

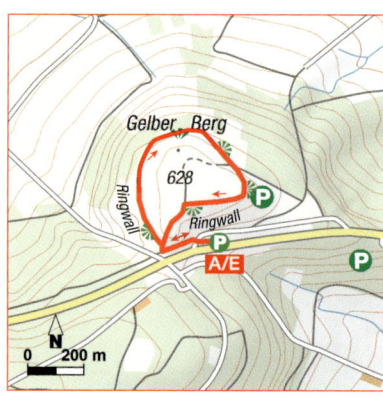

Drachen steigen lassen macht
Riesenspaß.

Linke Seite: Mit Steinen lassen
sich fantasievolle Figuren bauen.

digem Wetter kann man hier gut Drachen steigen lassen. Der
Name Gelber Berg, oder auch die Gelbe Bürg, könnte von den
rötlichen beziehungsweise gelblichen Farbtönen des Eisensand-
steins auf der Erhebung kommen. Die Gelbe Bürg diente bereits
den Menschen in der Urnenfelderzeit im 10. bis 8. Jahrhundert
v. Chr. und auch in der Hallstattzeit im 6. Jahrhundert v. Chr.
sowie den Germanen im 4. Jahrhundert v. Chr. als befestigter
Siedlungsplatz.

Gaumenschmaus am Gelben
Berg für Schafe und Ziegen

41 Die Welt in Stein bei Solnhofen

Vom Altmühlpanoramaweg zur Fossiliensuche

Die Felsengruppe der Zwölf Apostel bei Solnhofen im Altmühltal zählt zu den schönsten Geotopen in Bayern. Der vor 150 Millionen Jahren entstandene Riffgürtel im Urmittelmeer lädt Sie auf eine Geschichtsreise ein, und nimmt Sie mit in die Erlebniswelt der Urvögel und Dinosaurier.

| leicht | Bahn: 7 km Auto: 6 km | 120 m | 1.30 Std. |

Alter
Ab 6 Jahren

Tourencharakter
Wanderung auf kleinem, wunderschönem Pfad mit herrlichem Ausblick ins Altmühltal

Ausgangs-/Endpunkt
Bahn: Bahnhof Solnhofen.
Auto: Wanderparkplatz an der Hauptstraße am östlichen Ortsausgang

Anfahrt
Bahn: Bis Bahnhof Solnhofen.
Auto: A 9 bis Ausfahrt Ingolstadt Nord; weiter auf der B 13 über Eichstätt nach Solnhofen; Parkplatz an der ST 2230 zwischen Eßlingen und Solnhofen

GPS-Koordinaten
48.891781, 10.993688

Karte
Landesamt für Vermessung und Geoinformation 1:50 000, Fränkisches Seenland

Einkehr
Gasthof Dreizehnter Apostel, Tel. 09145/83 67 60, www.dreizehnter-apostel.de Montag und Dienstag Ruhetag

Information
Tourist-Info Solnhofen, Tel. 09145/83 20 20, www.solnhofen.de

Die Solnhofener Steinwelt bildet der Plattenkalk aus dem Meeresboden von tropischen Lagunen des Urmittelmeeres. Der Plattenkalk entstand vor etwa 150 Millionen Jahren aus kleinen pflanzlichen Überresten auf dem Meeresboden. Im Hobbysteinbruch kann man selbst nach Fossilien in den Solnhofener Platten suchen. Die besonders schönen Dendrite auf den Platten sind Mineralien aus braunen Eisen- und schwarzen Manganoxiden. Der Stein lässt sich wie ein Buch Seite für Seite öffnen, und somit können Sie immer etwas Neues entdecken. Da die Kalkablagerung im Meer nicht regelmäßig erfolgte, kam es immer wieder zu Sedimentationsunterbrechungen. An diesen Begrenzungen lassen sich die Steinplatten gut spalten. Somit zeigt sich auf jeder freiliegenden Fläche im Steinbruch der Meeresboden zu einem

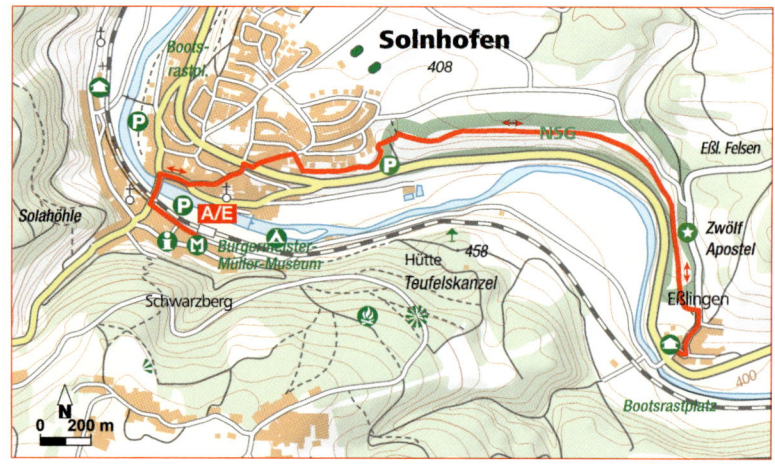

bestimmten Zeitpunkt mit all dem, was darauf abgesunken ist. Die spektakulärsten Funde von Fischen und Krebsen bis hin zu Flugsauriern und Insekten sind im Bürgermeister-Müller-Museum, das gegenüber dem Bahnhof liegt, zu finden. Hier können wir abtauchen in die Erlebniswelt der Urvögel und Dinosaurier mit den Originalfunden des Urvogels Archäopteryx. Neben den Flugsauriern können wir kleine versteinerte Landsaurier und ein über zwei Meter großes Meereskrokodil bestaunen. Abdrücke von Quallen, Schildkröten, Seesternen und Seeigeln sowie von großen Raubfischen wie Haie und Rochen belegen, wie vielfältig die Lebewesen im Solnhofener Urzeitmeer waren. Die landschaftlich wunderschöne Wanderung führt uns auf einem

Kleine Archäologin im Hobbysteinbruch Solnhofen

Die faszinierende Welt der
Dinosaurier entdecken

spannenden Wiesen- und Waldpfad über den fossilen Riffgürtel. Der abwechslungsreiche Pfad geht über blühende Blumenwiesen, vorbei an Hecken und durch lichten Mischwald, immer mit grandiosen Ausblicken ins Altmühltal, bis zu dem markanten Zwölf-Apostel-Felsen. Wenn Sie Lust auf eine Einkehr haben, dann folgen Sie weiter dem Wiesenpfad über Trockenrasen hinunter zur Gastwirtschaft Dreizehnter Apostel.

Bahnfahrer gehen die Bahnhofstraße entlang nach Westen bis zur Altmühlbrücke. Diese überqueren wir und biegen rechts in die Benediktstraße ein. Vorbei am Museumscafé gehen wir links in die schmale Gasse Am Gsteig, die bergauf führt. Wir überqueren die Staatsstraße und gehen weiter bergauf in den Hochholzerweg. In die erste Straße, An der Mandling, biegen wir rechts ein und folgen ihr bis an den Wald. Dort finden wir einen kleinen Wiesenpfad, der uns links bergauf führt. *Autofahrer* folgen vom Parkplatz ebenfalls dem Wiesenpfad bergauf. Bei der ersten Weggabelung des Pfades gehen nun alle rechts über eine Wiese, dann wieder bergauf am Waldrand bis zur Kante, auf der sich der Altmühlpanoramaweg befindet. Nun folgen wir immer der Beschilderung Altmühlpanoramaweg nach Südosten bis zu der Felsengruppe der Zwölf Apostel. Der Weg führt uns oberhalb des Felsmassives weiter, dann hinunter zur Altmühl ins Gasthaus Dreizehnter Apostel. Der Rückweg ist mit dem Hinweg identisch.

Tipp

Das Bürgermeister-Müller-Museum zeigt eine reiche Auswahl an versteinerten Tieren und Pflanzen aus der Jurazeit. So können Sie als Besucher ausschließlich originale Versteinerungen von Sauriern und Reptilien, eine Vielzahl von Krebsen und Kopffüßlern sowie Stachelhäutern betrachten. Besonders viele Fische wie Kugelzahnfische, Seekatzen, Haifische, Schnabelfische und Knochenfische sind hier zu finden. Solnhofen ist der Fundort des Urvogels Archäopteryx und nur hiesige Steinplatten sind für die Lithografie (Steindruck) geeignet. Hier erhalten Sie auch die Eintrittskarte für den Hobbysteinbruch, den genauen Lageplan, sowie Leih-Werkzeug. Weitere Infos unter Tel. 09145/83 20 30, 09145/83 20 20 oder www.museum-solnhofen.de.

Solnhofener Platte mit versteinerten Pflanzen

Bastelideen

Waldbesteck

Um unser Picknick zu essen, suchen wir uns unser Besteck in der Natur. Zum Aufspießen eignet sich am besten eine Astgabel. Mit einem Taschenmesser können wir die Zinken noch spitz zuschnitzen. Zwei gerade Stöckchen dienen als Essstäbchen, ein hohler Pflanzenstängel als Trinkhalm. Eine Nussschale wird zum Löffel. Hilfreich ist es, im Vorfeld die mitgebrachten Lebensmittel in Würfel zu schneiden.

Insektensauger

Rindenschiff

In ein Stück Rinde bohren wir mit einem Taschenmesser oder Handbohrer ein kleines Loch. Dort stecken wir einen Zweig als Mast hinein. Als Segel suchen wir ein großes Blatt und hängen es an den Mast.

Blumenkranz

Aus Löwenzahn und Gänseblümchen lassen sich bezaubernde Blumenkränze kinderleicht basteln. Mit dem Fingernagel ritzen wir unterhalb der Blüte in den Stängel eine kleine Spalte, sodass der nächste Blumenstängel hindurchgesteckt werden kann. Dies wird so lange wiederholt, bis ein Kranz, eine Halskette oder ein Armband entstanden ist.

Insektenhotel

Findet ihr unterwegs Stroh- oder Schilfhalme oder Sonnenblumenstängel, dann könnt ihr daraus ein kleines Insektenhotel basteln. Zu Hause nehmt ihr entweder eine Blechdose oder eine leere Klopapierrolle, schneidet die Halme und Stängel auf die gleiche Länge zu und befüllt die Dose bzw. die Rolle so, dass der Inhalt stramm sitzt und nichts herausfallen kann. Nun könnt ihr euer Hotel noch bunt bemalen und mit einem Stück Schnur aufhängen.

Insektensauger

Um kleine Lebewesen wie Spinnen, Ameisen oder Käfer nicht zu verletzen, empfehlen wir einen Insektensauger zu basteln. Hierzu benötigen wir eine leere durchsichtige Filmdose, ein ca. 4x4 Zentimeter großes Stück von einem Perlonstrumpf, je 10 Zentimeter Plastikschlauch mit 0,5 Zentimeter und 1 Zentimeter Durchmesser, einen dicken Handbohrer.

In den Deckel der Dose bohren wir ein Loch für den dünnen Schlauch. Damit wir die Insekten nicht in unseren Mund einsaugen, nehmen wir das Stück Perlonstrumpf, ziehen es über ein Ende des dünnen Schlauches und stecken beides zusammen in das Loch des Deckels. In den Boden der Filmdose bohren wir ein Loch für den dickeren Schlauch und stecken diesen durch. Wichtig ist, dass die Schläuche fest sitzen. Nun setzen wir den Deckel auf die Dose und fertig ist unser Insektensauger. Den dünnen Schlauch nehmen wir in den Mund und halten das dicke Schlauchende an das anzusaugende Tier.

Zum Beobachten schütteln wir vorsichtig das Tierchen, ohne es zu verletzen, in eine Becherlupe. Dabei ist es Ehrensache, die Tiere wieder freizulassen.

Blüten selbst gestalten

Um eine Blüte auf unserem Handrücken entstehen zu lassen, streichen wir etwas Vaseline darauf. Nun kleben wir einzelne Blütenblätter und Gräser auf unseren Handrücken, fertig ist unsere Fantasieblume. Wir stellen uns alle in den Kreis und bewundern die Blüten der anderen.

Löwenzahnprinzessin

Blick zum Schloss Greifenstein

Ab in die Vergangenheit:

Burgen und Ruinen

42 Zum Schloss Greifenstein

Auf den Spuren derer von Stauffenberg

| mittel | 8 km | 133 m | 2.30 Std. |

Alter
Ab 8 Jahren

Gehzeit
2.30 Std.

Tourencharakter
Wanderung auf sehr unterschiedlichen Wegen (Wald und Feld)

Ausgangs-/Endpunkt
Heiligenstadt, Marktplatz

Anfahrt
Bahn/Bus: Bus nach Bamberg und Ebermannstadt. Bahn bis Bamberg oder Ebermannstadt, dann Bus 221. Auto: Autobahn A 70, Abfahrt Schirradorf oder Stadelhofen, über Hollfeld, Aufseß nach Heiligenstadt

GPS-Koordinaten
49.868336, 11.168224

Einkehr
Burgklause Greifenstein im Schloss Greifenstein, Tel. 09198/996 68 99, www.schloss-greifenstein.de, Montag Ruhetag, Spielplatz

Karte
Fritsch Wanderkarte 1:50 000, Naturpark Fränkische Schweiz – Veldensteiner Forst – Hersbrucker Alb, Blatt Süd

Information
Verkehrsbüro Heiligenstadt/ Ofr., Tel. 09198/92 99 32, www.markt-heiligenstadt.de

Das Schloss Greifenstein thront auf hohem Felsen über dem Leinleitertal. Die Kinder freuen sich auf sie abgestimmte Führungen durch das Schloss und das Wildschweingehege daneben. Im Sommer rundet ein Bad im Heiligenstädter See den Tag ab.

Wir beginnen diese Wanderung beim Wegweiser am Marktplatz in Heiligenstadt vor dem Hotel Heiligenstadter Hof, gehen nach rechts zur Bundesstraße und stehen erneut vor einem Wegweiser. Dort wenden wir uns nach links (Judenfriedhof, Markierung gelber Ring) und folgen am Ortsausgang dem rechts abzweigenden Pfad. Auf ansteigender Straße kommen wir zur Straße Am Kulich, gehen dort weiter geradeaus und überqueren die folgende Weggabelung. Links bietet sich eine schöne Aussicht zum Schloss Greifenstein, das auch »Kleinschwanstein« genannt wird. Wir wandern zwischen Wiesen, biegen dann links in den Wald ab und folgen dem rechts abzweigenden Pfad weiter. Nun wandern wir am Feldrand entlang, genießen die Aussicht auf Heiligenstadt und folgen dem Pfad nach links zum Judenfriedhof. Dort wenden wir uns nach rechts, folgen dem Wegweiser nach Aufseß und kommen zur Staatsstraße. Auf ihr gehen wir wenige Meter, überqueren sie dann nach links (Wegweiser Schloss Greifenstein) und erreichen einen hölzernen Pavillon. Über eine schöne Lindenallee führt der Weg in 15 Minuten direkt zum Schloss Greifenstein, das ausschließlich mit einer Führung besichtigt werden kann (Öffnungszeiten 9.00 bis 11.15 Uhr, 13.30 bis 16.45 Uhr oder nach Vereinbarung, Tel. 09198/423, www.schloss-greifenstein.de).

Vom Schloss zurück wenden wir uns wenige Meter nach dem Pavillon beim Kreuz nach links und folgen nun der Markierung rot-weiß diagonal geteiltes Rechteck. Wir wandern auf einem breiten Waldweg, der auf eine Asphaltstraße mündet. Dort halten wir uns links, verlassen sie nach wenigen Metern rechts und gelangen auf einem holprigen Waldweg über Wurzeln zu einer

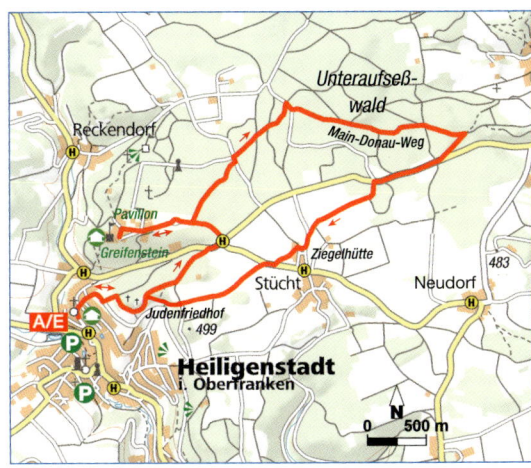

Querstraße. Wir biegen nach links (Markierung fehlt) und folgen an der Weggabelung der Markierung rot-weiß diagonal geteiltes Rechteck geradeaus weiter, bis wir auf den Main-Donau-Weg (MD), auch Markierung roter Senkrechtstrich, stoßen. Ihm folgen wir in Richtung Aufseß durch den Unteraufseßwald.

Der Badesee bei Heiligenstadt ist ein beliebtes Naherholungsgebiet.

Dort, wo wir auf die Markierung grüner Querstrich stoßen, schwenken wir nach rechts und folgen dem Waldweg mit der Markierung grüner Querstrich auf einer breiten Forststraße. An einem bemoosten Felsblock dürfen wir den Abzweig nach links nicht verpassen.

Der Weg führt auf weichem Waldboden zu einer Asphaltstraße, die wir überqueren, und wir folgen dem Wegweiser Heiligenstadt. Unser Weg zieht durch ein kleines Waldstück und am Feldrand entlang bis zum nächsten Wald. Dort wenden wir uns nach rechts, gleich wieder nach links (Markierung fehlt) und wandern am Feld entlang zu einem Feldweg, auf dem wir rechts schwenkend nach Ziegelhütte gelangen. Am Ortseingang bei der Bushaltestelle halten wir uns rechts, wenden uns bald nach links (Wegweiser Heiligenstadt) und wandern auf einem Feldweg, später durch Wald auf eine Straßenkreuzung zu. Dort wählen wir die mittlere Fahrstraße und gelangen auf dieser auf die Ortsdurchfahrt in Heiligenstadt. Wir biegen rechts ab und kommen zum Ausgangspunkt zurück.

Baden und Lernen

Am Heiligenstädter See, einem Natursee am nordwestlichen Ortsausgang, gibt es nicht nur einen Strandbereich mit Bademöglichkeiten und Kneippanlage, sondern auch einen Wasserlehrpfad mit 19 Infotafeln. Dort finden auch Führungen für Kinder- und Jugendgruppen sowie Schulklassen statt. Auskunft gibt die Touristeninformation.

43 Von Waischenfeld zur Burg Rabeneck

Am Galgenberg vorbei

| mittel | 11 km | 60 m | 3.15 Std. |

Alter
Ab 8 Jahren

Tourencharakter
Eine abwechslungsreiche
Wanderung auf bequemen
Wegen, steiler Aufstieg aus
dem
Wiesenttal zur Burg Rabeneck

Ausgangs-/Endpunkt
Waischenfeld, Rathaus

Anfahrt
Bahn/Bus: Busverbindung mit
Bayreuth. Bahn bis Bayreuth,
dann Bus 396. Auto: A 70,
Ausfahrt Stadelhofen, über
Hollfeld nach Waischenfeld.
Autobahn A 9, Ausfahrt
Trockau nach Waischenfeld

GPS-Koordinaten
49.846285, 11.343898

Einkehr
Hotel zur Post, Tel. 09202/750,
www.hotel-zur-post-waischen-
feld.de, Fliegenfischen von
Äschen und Bachforellen

Karte
Fritsch Wanderkarte
1:50 000, Naturpark Fränki-
sche Schweiz – Veldensteiner
Forst – Hersbrucker Alb, Blatt
Süd

Information
Städt. Tourist-Information
Waischenfeld,
Tel. 09202/96 01 17,
www.waischenfeld.de

Die Höhen über dem Wiesenttal sind genauso reizvoll wie die Niederung der Talebene. Bei der Burg Rabeneck können wir das schöne Wiesenttal aus der Vogelperspektive bestaunen. Nach der Wanderung bietet sich ein Besuch des Freibades an.

Wir starten in Waischenfeld beim Rathaus und Fremdenverkehrsamt und gehen den Kaulberg aufwärts (Markierung grüner Ring), Wegweiser Burg, Heroldsberg. Bei der Burg wenden wir uns an einer Gabelung nach rechts, um einen Abstecher zum »Steinernen Beutel«, Rest der mittelalterlichen Stadtbefestigung,

mit schöner Aussicht auf Waischenfeld zu machen. Wo mag wohl der Eingang zu dem Turm sein? Danach folgen wir beim Friedhof und Parkplatz dem Wegweiser nach rechts. Zwischen Feldern wandernd, kommen wir nach Heroldsberg und wenden uns auf der Durchfahrtsstraße nach links. An der Gabelung schwenken wir nach rechts ab und folgen dem Wegweiser Saugendorf auf einer Teerstraße. An der nächsten Kreuzung halten wir uns links (Markierung gelber Ring) und erreichen bald Saugendorf.
Dort folgen wir dem Wegweiser Rabeneck, Markierung roter Ring, und biegen am Ortsausgang nach rechts ab. An der ersten Gabelung halten wir uns wieder rechts und wählen an der folgenden Gabelung (ohne Markierung) den linken Weg. Er mündet bei der Rabenecker Mühle auf die Bundesstraße, die wir überqueren, um bei der Mühle über die Wiesent zu gelangen. Dort wenden wir uns nach rechts und folgen der Markierung grüner Ring zur Burg Rabeneck. Sie wurde im 13. Jahrhundert von den Schlüsselbergern gegründet, ist heute noch in Privatbesitz und kann besichtigt werden. Von hier gelangen wir nach Schönhof, wenden uns im Ort nach links und wandern zwischen Feld und Wald zur Pulvermühle in das Wiesenttal hinab. Links erhebt sich der Kreuzberg, rechts der Galgenberg. Auf den Resten einer früheren Burg bauten die Waischenfelder dort einen Galgen auf und hatten hoch droben ihre Richtstätte. Diese Zeiten können wir uns hier im friedlichen Wiesenttal kaum mehr vorstellen.

Nun geht es auf einem schönen Talweg zurück nach Waischenfeld.

Variante Eine nette Abkürzung ist der Rückweg von der Rabenecker Mühle durch das Wiesenttal (2,5 km, Markierung roter Ring), wo immer wieder Dolomitfelsen durch den Wald hindurchspitzeln.

Freibad Waischenfeld

Das beheizte Freibad Waischenfeld am nördlichen Ortsausgang mit Breitwellenrutsche, Kneippanlage, Beachvolleyballfeld, Kinderspielplatz und Freiterrasse ist von Mai bis September, bei schönem Wetter täglich von 10.00 bis 21.00 Uhr geöffnet, bei schlechter Witterung von 10.00 bis 12.00 Uhr und von 17.00 bis 19.00 Uhr (Fischergasse, 91344 Waischenfeld, Tel. 09202/880, www.freibad-waischenfeld.de).

Linke Seite: Rast an der Rabenecker Mühle

44 Zur Falknerei auf Burg Rabenstein

Burgen und Höhlen

leicht	11,5 km	30 m	3 Std.

Alter
Ab 6 Jahren

Gehzeit
3 Std.

Tourencharakter
Angenehme Wanderung auf
breiten Wegen, vorwiegend
zwischen Feld und Wiese

Ausgangs-/Endpunkt
Waischenfeld, Vorstadt bei der
Bushaltestelle Plärrer

Anfahrt
Bahn/Bus: Busverbindung mit
Bayreuth. Bahn bis Bayreuth,
dann Bus 396. Auto: Auto-
bahn A 9, Ausfahrt Trockau
nach Waischenfeld

GPS-Koordinaten
49.844154, 11.349520

Einkehr
Gutsschenke Burg Rabenstein,
Rabenstein 33, 95491 Ahorn-
tal, Tel. 09202/970 04 40,
www.burg-rabenstein.de,
Montag Ruhetag

Karte
Fritsch Wanderkarte
1:50 000, Naturpark Fränki-
sche Schweiz – Veldensteiner
Forst – Hersbrucker Alb, Blatt
Süd

Information
Städt. Tourist-Information
Waischenfeld,
Tel. 09202/96 01 17,
www.waischenfeld.de

**Auf einem 60 Meter hohen Felsen thront die Burg Raben-
stein über dem Ailsbachtal. Sie gehört zu den schönsten
Burgen im Frankenland und kann besichtigt werden. Besondere Anziehungspunkte für Kinder sind die Falknerei bei der Burg wie auch die benachbarte Sophienhöhle.**

Wir starten in Waischenfeld in der Vorstadt bei der Bushaltestelle
Plärrer mit Wanderwegtafel und folgen dem Wegweiser in Richtung Pulvermühle (Markierung gelbes Kreuz) auf einer Teerstraße in das Wiesenttal. Bei der Pulvermühle (20 Min.) folgen
wir dem Wegweiser Burg Rabenstein, Sophienhöhle auf einem

Waldweg. An der nächsten Gabelung gehen wir geradeaus weiter und steigen durch das Wassertal mit saftigen Wiesen, bunten Blumen und vielen Schmetterlingen allmählich auf. Wir überqueren auf der Höhe eine Asphaltstraße, gehen durch ein kleines Waldstück und folgen beim Wegweiser Burg Rabenstein, Sophienhöhle wieder einem Wiesenweg, überqueren eine Teerstraße und gehen auf dem Wiesenweg weiter, bis wir auf eine Asphaltstraße stoßen. Dort wenden wir uns nach rechts und kommen mit der Markierung blauer Querstrich durch weite Wiesenflächen zum Parkplatz bei der Burg Rabenstein. Von dort sind es 15 Minuten bis zur Sophienhöhle und nur fünf Minuten bis zur Burg. Einkehr bietet die Burgschenke, und auch die Falknerei neben der Schenke ist ein lohnendes Ziel.

Nach der Besichtigung der Burg und vielleicht noch der Sophienhöhle geht es zum Parkplatz zurück und nach rechts in Richtung Hannberg, Waischenfeld (Wegweiser), zunächst auf einer Asphaltstraße bis zu einer Kreuzung, wo sich ein wunderschöner Bildstock befindet. Dort überqueren wir die Straße und folgen immer der Markierung rot-weiß diagonal geteiltes Rechteck, zunächst auf breitem Feldweg, dann am Feldrand entlang und dann wieder auf einem Feldweg, bis wir bei einem weiteren Bildstock (von 1816) den Ortseingang von Hannberg erreichen. Wir schwenken nach links (Markierung gelber Ring und gelber Punkt) und gelangen auf breitem Waldweg nach Waischenfeld, wo wir nach links abbiegend den Ausgangspunkt erreichen.

Die Sophienhöhle

Ein weiteres Besichtigungshighlight und auch für Kinder sehr interessant ist die Sophienhöhle, 700 Meter von der Burg Rabenstein entfernt. Sie zählt zu den schönsten Höhlen Süddeutschlands. In der Höhle bestaunen wir Tropfsteine in allen möglichen Varianten. Es finden Führungen statt (geöffnet April bis Oktober, Dienstag bis Sonntag Führungen von 10.30 bis 17.00 Uhr, Montag Ruhetag außer feiertags, Tel. 09202/97 00 44, www.burg-rabenstein.de).

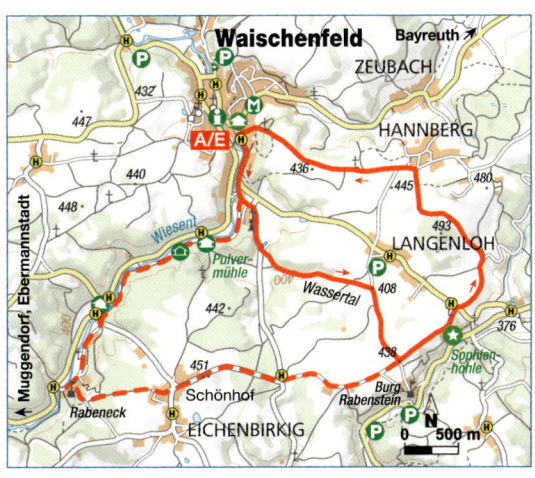

45 Zur Burgruine Leienfels

Einstiges Falschmünzernest

leicht	14 km	156 m	4 Std.

Alter
Ab 10 Jahren

Gehzeit
4 Std.

Tourencharakter
Gut begehbare Wiesenwege und breite Waldwege

Ausgangs-/Endpunkt
Bärnfels, Gebäude der Freiwilligen Feuerwehr

Anfahrt
Bahn/Bus: Busverbindung mit Forchheim. Bahn bis Forchheim, dann Bus 222. Auto: Autobahn A 9, Ausfahrt Pegnitz-Grafenwöhr, auf B 2/B 470 Richtung Forchheim, vor Gößweinstein in Richtung Gräfenberg nach Bärnfels abbiegen

GPS-Koordinaten
49.718819, 11.368017

Einkehr
Gasthof Zur Burgruine, Tel. 09244/366, www.zur-burgruine.de, Montag Ruhetag, Kinderspeisekarte

Karte
Fritsch Wanderkarte 1:50 000, Naturpark Fränkische Schweiz – Veldensteiner Forst – Hersbrucker Alb, Blatt Süd

Information
Touristinformation Obertrubach, Tel. 09245/988 13, www.trubachtal.com

Der Besuch der Burgruine Leienfels bietet nicht nur zauberhafte Aussichten bis in das Fichtelgebirge, sondern lässt sich auch mit einem netten Wanderweg durch das schöne Gründleinstal verbinden. Kinder lieben es, sich in den Ruinen von Leienfels und Bärnfels zu verstecken.

Beim Gebäude der Freiwilligen Feuerwehr in Bärnfels folgen wir dem Wegweiser Gründleinstal (Markierung gelbes Dreieck) und gehen zwischen zwei Gebäuden zum schmalen Weg am Holzgeländer. Er führt in den Wald, an bizarren Felsen vorbei und öffnet sich im Gründleinstal, einem breiten Wiesental. Wir befinden uns auf einem Lehrpfad und wandern durch einen Hohlweg,

einem alten Fuhrweg. Unser Weg mündet auf eine Schotterstraße, hier gehen wir nach rechts (Wegweiser Obertrubach, Markierung blaues Kreuz) und gelangen nach Obertrubach in die Teichstraße.

In der Ortsmitte bei der Kirche wenden wir uns nach links und folgen dem Wegweiser Burg Leienfels. An der folgenden Gabelung wählen wir den linken Weg, der auf eine Asphaltstraße mündet. Dort schwenken wir rechts ab, gehen durch den Wald und halten uns an der folgenden Gabelung rechts (Wegweiser Leienfels). An der nächsten Kreuzung wählen wir den linken Weg (Markierung gelbes Kreuz). Wir kommen zu einer Bank, wo wir nach links abbiegen und auf einem Pfad aufwärtsgehen. An einer Kreuzung mit Schutzhütte folgen wir dem Wegweiser Leienfels (0,5 km, Markierung blaues Kreuz) zu einem Querweg. Dort biegen wir nach links ab und können nach wenigen Metern in Leienfels bei der Gaststätte Zur Burgruine im Biergarten verschnaufen. Von hier gehen wir in wenigen Minuten zur Burgruine Leienfels (590 m) hoch und können die herrliche Aussicht genießen. Der Name rührt wohl von Löwenfels her. Kindern bringt es Spaß, sich im Umkreis der Burg zwischen den Mauerresten zu verstecken und die Eltern suchen zu lassen.

Zurück zur Gaststätte Leienfels, folgen wir dem Wegweiser Richtung Pottenstein (Markierung blaues Kreuz). Nur 100 Meter auf der Straße abwärtsgehend, biegen wir dann nach links ab und folgen der Markierung nach Soranger.

Am Ortsende biegen wir bei der Schutzhütte nach links ab, gehen mit der Markierung blaues Kreuz weiter zu einer Kreuzung und dann mit dem blauen Punkt auf breitem Waldweg nach links. Unser Weg mündet auf eine Asphaltstraße, die wir überqueren und so geradewegs nach Bärnfels gelangen.

Linke Seite: Von der Burgruine Leienfels bietet sich eine weite Aussicht.

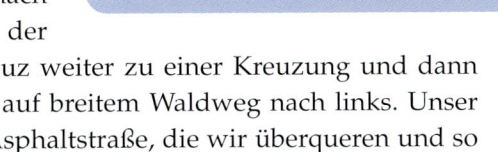

Burg Bärnfels

In Bärnfels löst die Besteigung der Burgruine auf einem markanten Dolomitfelsen bei Kindern ähnliche Begeisterung aus. Der Zugang erfolgt über Treppen durch eine Höhle hindurch. Oben lässt sich von einem gemütlichen Sitzplatz die großartige Aussicht über den Ort und in das Gründleinstal genießen

145

46 Zum Schlossberg

»Tosende« Wasserfälle

mittel	10,5 km	213 m	3 Std.

Alter
Ab 6 Jahren

Tourencharakter
Abwechslungsreiche Wanderung auf breiten Wald- und Feldwegen

Ausgangs-/Endpunkt
Egloffstein, Wanderparkplatz gegenüber vom Landhotel Egloffsteiner Hof

Anfahrt
Bahn/Bus: Busverbindung mit Ebermannstadt und Gräfenberg. Bahn bis Ebermannstadt oder Gräfenberg, dann Bus 235 oder 226. Auto: A70, Ausfahrt Forchheim Nord oder Süd, auf der B470 bis Abzweig Pretzfeld nach Egloffstein

GPS-Koordinaten
49.698865, 11.263861

Einkehr
Brauerei-Gasthof Seitz, Thuisbrunn, Tel. 09197/221, www.elchbraeu.de, Montag, Mittwoch, Donnerstag Ruhetag, Kinderspielplatz

Karte
Fritsch Wanderkarte 1:50 000, Naturpark Fränkische Schweiz – Veldensteiner Forst – Hersbrucker Alb, Blatt Süd

Information
Tourist-Information Egloffstein, Tel. 09197/202, www.trubachtal.com

Der Schlossberg über Egloffstein ist mit seiner Ruine ein reizvolles Wanderziel mit schöner Aussicht. Über Thuisbrunn und das romantische Todsfeldtal führt die Runde weiter. Danach geht es vielleicht noch ins Schwimmbad.

Vom Wanderparkplatz am Ortsausgang von Egloffstein überqueren wir die Brücke, gehen die Talstraße entlang und wenden uns beim Gasthof Zur Post nach links (Wegweiser Schlossberg, Haidhof, Markierung grüner Ring). Durch das Haidgässchen steigen wir zum Marktplatz auf und schwenken dort nach links ab. Nun wandern wir die Markgrafenstraße an Obstplantagen entlang, bis ein Wegweiser mit der Markierung grüner Ring und grüner Querstrich nach rechts zeigt. Wir folgen einem Feldweg, überqueren einen Schotterweg und gelangen in den Markgräflichen Wald und auf eine Forststraße. Am Abzweig Schlossberg biegen wir nach links ab und können bald die schöne Aussicht genießen.
Vom Schlossberg folgen wir weiter dem breiten Forstweg (Markierung grüner Ring) nach links, wenden uns bei einer Bank nach links und dürfen den nächsten Abzweig nach rechts nicht

verpassen. Wir halten uns kurz danach links, kommen auf einen Plattenweg und wenden uns dort wieder nach links. Nun wandern wir an einer Linde mit Bank vorbei geradeaus auf einen Schotterweg zwischen Obstbäumen. Unser Weg führt an einem Sitzplatz vorbei zu einer Asphaltstraße. Dort schwenken wir nach links, dann nach rechts und kommen nach Thuisbrunn.

In Thuisbrunn halten wir uns links, gehen auf der Hauptstraße durch den Ort und schwenken bei der Bushaltestelle »Die Alte Schule« nach links ab. An der Kirche vorbei wenden wir uns beim folgenden Abzweig nach rechts und wandern durch das Todsfeldtal, einer Felsenwildnis, abwärts bis zur Wegkreuzung. Der Name des Todsfeldtales hängt übrigens mit den »tosenden Wasserfällen« zusammen – auch wenn das angesichts des munter dahinfließenden Baches ein bisschen übertrieben klingt.

Kinderspielplatz oder Freibad Egloffstein

Zwischen Freibad, Schule und Café Wirth in Egloffstein befindet sich auf einer Trubach- insel ein **Kinderspielplatz** mit Klettergerüst.

Vom **Freibad** mit kombiniertem Schwimmer- und Nichtschwimmerbecken sowie Beach- volleyballfeld und Liegewiese haben die Besucher einen prima Blick zur Egloffsteiner Burg. Das Wasser des Beckens wird von einer natürlichen Quelle gespeist (Freibad geöffnet bei Badewetter von 10.00 bis 20.00 Uhr, bei schlechterem Wetter ver- kürzte Öffnungszeiten; Badstr., 91349 Egloffstein, Tel. 09197/798, www.franken- jura.com/freizeit/poi/13835).

Nun biegen wir nach links ab und kommen auf einem herrlichen Panoramaweg mit schönen Aussichten, am Naturdenkmal Augustusfelsen vorbei, in das Trubachtal nach Egloffstein zurück, das wir unweit des Wanderparkplatzes erreichen.

Linke Seite: Langsam nähert sich Thuisbrunn.
Links: der Gasthof Seitz in Thuisbrunn

47 Von Betzenstein zur Ruine Stierberg

Über die Kuppenalb

leicht	10 km	85 m	2.30 Std.

Alter
Ab 6 Jahren

Tourencharakter
Bequem auf breiten Wegen, teilweise grasreiche Wiesenwege, nur geringe Steigung zur Ruine Stierberg

Ausgangs-/Endpunkt
Betzenstein, Wanderparkplatz beim Freibad

Anfahrt
Bahn/Bus: Busverbindung mit Pegnitz. Bahn bis Pegnitz, dann Bus 386. Auto: Autobahn A 9, Ausfahrt Plech, über Ottenhof nach Betzenstein

GPS-Koordinaten
49.685151, 11.370463

Einkehr
Landgasthof Fischer, Stierberg 25, 91282 Betzenstein, Tel. 09244/384, www.gasthof-pension-fischer.de, Montag und Dienstag Ruhetag, Zelten unter Obstbäumen möglich, Bettenlager vorhanden, Fahrradverleih

Karte
Fritsch Wanderkarte 1:50 000, Naturpark Fränkische Schweiz – Veldensteiner Forst – Hersbrucker Alb, Blatt Süd

Information
Städtisches Verkehrsamt Betzenstein, Tel. 09244/264, www.betzenstein.de

Eine Wanderung über die Kuppenalb um Betzenstein bietet stille Reize. Die Burgruine Stierberg lädt zum Herumstromern ein, und beim Besuch des Kletterparks wird es schließlich dann doch etwas lauter ...

Wir starten am Wanderparkplatz gegenüber vom Freibad in Betzenstein – übrigens Frankens kleinste Stadt – und gehen auf der Straße in Richtung Leupoldstein bis zum Campingplatz. Dort finden wir den Wegweiser Obertrubach (Markierung blauer Punkt) und folgen ihm zunächst auf einem Feldweg. Weiter geht es in den Wald. Dort müssen wir auf den Abzweig nach links achten, wo der Wanderweg aus dem Wald auf einen Wiesenweg führt. Wir überqueren bald eine Straße und wandern nun zwischen Wiese und Feldrand bis nach Neudorf.

In Neudorf gehen wir bis zum Sitzplatz bei der Bushaltestelle in Ortsmitte und wenden uns nach links (Markierung grüner Punkt und grünes Blatt). Auf der Asphaltstraße kommen

wir zu einer Kreuzung, schwenken dort nach links ab und gelangen beim letzten Haus des Ortes auf einen Wiesenweg. Wir überqueren die B2 und gelangen auf der Asphaltstraße in den Stierberger Wald. Beim ersten Abzweig folgen wir der Markierung grünes Blatt nach rechts und gehen an der folgenden Gabelung geradeaus weiter (Wegweiser Fuchsweg) bis zu einer weiteren Gabelung. Hier wählen wir den linken Weg und kommen nach Stierberg.

Wir wenden uns nach rechts und kommen zur Wanderwegtafel. Dort folgen wir dem Wegweiser Reipertgesee (Markierung blauer Ring) bis kurz nach dem Ortsausgang und halten uns dann nach links (Wegweiser Betzenstein, Markierung gelbe Raute). An einer Kreuzung biegen wir nach links und an der folgenden Gabelung wieder links ab. Nun steigt unser Wanderweg zum Abzweig zur Burgruine Stierberg an. Die Burg ist prächtig auf dem Dolomitriff positioniert und bietet eine schöne Aussicht. Reste der Mauer und des Turms sind erhalten. Es bringt viel Spaß, die am Vogteihaus beginnende Burghöhle so weit es geht zu erforschen. Höchstwahrscheinlich diente sie als Keller.

Zurück zum Wanderweg, folgen wir weiter der Markierung gelbe Raute, schwenken an einer Kreuzung nach rechts und gehen abwärts. Nach einer Rechtskurve am Wiesenrand nehmen wir einen links abzweigenden Pfad in den Wald. Zwischen imposanten, stark bemoosten Felsgebilden wandern wir durch den Wald zur Landstraße am Ortseingang von Betzenstein. Links befindet sich der Ausgangspunkt am Wanderparkplatz. Und nun geht es vielleicht noch in den Abenteuerpark (siehe Tour 28) – oder ins Freibad.

Freibad Betzenstein oder Geopark-Exkursion

Das **Freibad Betzenstein** gleich neben dem Abenteuerpark bietet ein großes Sportbecken, 5-Meter-Turm, Nichtschwimmer- und Planschbecken, Rutschen und einen Volleyballplatz (Tel. 09244/98 55 39, www.freibad-betzenstein.de).

Es finden auch Exkursionen zur **Betzensteiner Kuppenalb** statt. Warum heißt das Hexentor eigentlich so und floss tatsächlich einmal Wasser durch den Wasserstein? Informationen über die geowissenschaftlichen Exkursionen gibt es bei der Touristinformation.

Linke Seite: Gelegenheit zu Rast am Wanderweg

Bastelideen

Kleine Waldfeen

Mandalas

Mandalas aus Naturmaterialien legen, macht nicht nur Spaß, sondern lässt uns auch zur inneren Ruhe finden. Dabei sind der Fantasie keine Grenzen gesetzt. Am einfachsten ist es, einen Rahmen mit Stöcken zu legen und dann von der Mitte aus das Mandala mit Blüten, Blättern, Zapfen, Gräsern, Steinen u. a. auszufüllen.

Fernglas

Ein Fernglas für unsere Kleinen lässt sich leicht selbst machen, indem wir zwei Klopapierrollen bunt anmalen, anschlie-ßend zusammenkleben und eine Schnur daran befestigen.

Blätterkrone

Eine Krone aus bunten Blättern kann ganz einfach gebastelt werden, indem die Blätter an einem Streifen Kartonpapier mit einem Tacker festgeklammert werden. Dies sieht sehr hübsch aus und motiviert die Kinder, unterwegs Blätter zu sammeln.

Farben der Natur

Im Herbst ist die Landschaft bunt. Auf einem Stück weißen Stoffstreifen können wir die Farben der Beeren, Gräser und Blüten festhalten und dieses dann als Stirnband umbinden.

Grasindianer

Hierfür benötigen wir ein dünnes Büschel langes Gras. Zuerst entsteht der Kopf. Hierzu nehmen wir das Bündel und biegen dieses so, dass mittig eine Schlaufe entsteht. Diese binden wir mit einem Grashalm oder Bastfaden ab. Fertig ist der Kopf. Nun brauchen wir die Arme, dazu nehmen wir ein kleines Bündel kurzer Grashalme und stecken dies zwischen den langen Grashalmen unterhalb des Kopfes hindurch. Nun binden wir dem Indianer einen Gürtel um, damit die Arme fest halten. Hände entstehen, indem wir die Arme am Ende abbinden. Jetzt bekommt unser Indianer noch Beine, indem wir das lange Grasbündel teilen und zwei Beine abbinden. Als Federschmuck können wir in der Umgebung nach Blüten oder kleinen Federn suchen.

Blaubeerketten

Lange Blaubeerketten können wir leicht herstellen, indem man einen langen Grashalm nimmt (z. B. Fuchsschwanz) und auf diesen die Blaubeeren aufspießt. Das sieht hübsch aus, und die Blaubeeren lassen sich wunderbar abknabbern – doch nur, wenn in der Region keine Gefahr von Fuchsbandwurm besteht!

Ein Mandala aus Naturmaterialien

Auf Pilzsuche

Höhlenbär in der
Teufelshöhle Pottenstein

Berge von innen:

Höhlen und Grotten

48 Zwischen Binghöhle und Guckhüll

Vom Tiefgang zum Ausblick

| mittel | 7 km | 179 m | 2.30 Std. |

Alter
Ab 6 Jahren

Tourencharakter
Abwechslungsreiche Wanderung, teilweise auf breiten Wegen und schmalen Pfaden

Ausgangs-/Endpunkt
Streitberg, Ortsmitte am Dorfplatz

Anfahrt
Bahn/Bus: Busverbindung mit Ebermannstadt. Bahn bis Ebermannstadt, Bus 231. Auto: Autobahn A 70, Abfahrt Schirradorf oder Stadelhofen, über Hollfeld nach Streitberg

GPS-Koordinaten
49.813162, 11.216182

Einkehr
Schwarzer Adler, Streitberg, Tel. 09196/92 94 90, www.hotel-schwarzer-adler, Ammoniten-Museum in der Nähe

Karte
Fritsch Wanderkarte 1:50 000, Naturpark Fränkische Schweiz – Veldensteiner Forst – Hersbrucker Alb, Blatt Süd

Information
Tourist-Information Muggendorf/Streitberg, Tel. 09196/194 33, www.wiesenttal.de

Die Binghöhle in Streitberg ist für Familien mit Kindern ein besonders beliebtes Wanderziel. Warum nicht einmal Kindergeburtstag in der Höhle feiern? Über einen künstlichen Ausgang verlassen wir sie und gehen zum Guckhüll hinüber.

Wir folgen in der Ortsmitte beim Dorfplatz von Streitberg dem Wegweiser zur Binghöhle (Markierung schwarzer Ring), die wir nach 10 Minuten erreichen. Der Weg wird auch »Promilleweg« genannt, denn er führt direkt an der Adlerbrennerei Pircher vorbei, wo in der Probierstube Höhlenklause täglich ab 10 Uhr wohlschmeckende Schnäpse verkostet werden können.

Der Aufstieg zur Binghöhle führt über zahlreiche Stufen. Die 350 Meter lange Höhle am Westrand des Schauertales wurde 1905 von Kommerzienrat Bing entdeckt. In ihr kann man besonders schöne Tropfsteinbildungen bewundern, die so klingende Namen tragen wie Kerzensaal, Riesensäule oder Venusgrotte. Nicht nur Kindergeburtstage kann man hier organisieren lassen (Tel. 09196/340, www.binghoehle.de); es finden auch Märchenführungen für Kindergartenkinder statt! Das ist doch mal etwas anderes.

Vom Höhleneingang bietet sich eine schöne Aussicht auf Streitberg und die Ruine Neideck, größte Burganlage der Fränkischen Schweiz und auch ihr Wahrzeichen. Die Burg war ab 1312

Stammsitz der Schlüsselberger, einem mächtigen fränkischen Geschlecht. Im Markgrafenkrieg wurde sie wie viele andere Burgen der Fränkischen Schweiz 1552/1553 zerstört. Von Streitberg aus bietet sich eine schöne und gut ausgeschilderte Wanderung zur Burgruine an.

Wir aber folgen dem Pfad weiter, vorbei an einem markanten, steil aufragenden Felsen, und gelangen auf eine Asphaltstraße. Hier geht es abwärts; wir folgen dem Wegweiser Guckhüll und müssen dann auf der Asphaltstraße leicht ansteigen. Am Abzweig zur Muschelquelle vorbeilaufend (Markierung schwarzer Ring), kommen wir an bizarren Kalkfelsen mit sehr ausgeprägter Schichtung vorbei und erreichen einen Aussichtspunkt mit herrlichem Ausblick auf das Wiesenttal. An der folgenden Gabelung wählen wir den linken Weg, aus dem dann ein breiter Waldweg wird. Bei der nächsten Kreuzung halten

Beeindruckend sind die Tropfsteingebilde der Binghöhle.

Linke Seite: Kinder warten vor der Binghöhle.

wir uns links, wenden uns anschließend nach rechts und wandern durch Buchenwald. Bei einer weiteren Kreuzung müssen wir gut auf den Abzweig achten, da der Weg im Buchenwald nicht sehr deutlich zu sehen ist. Wir schwenken nach links (Wegweiser Guckhüll), steigen aufwärts und kommen an einem Sitzplatz vorbei nach Guckhüll. Leider bietet sich von der hölzernen Plattform wegen der hoch gewachsenen Bäume keine Aussicht und das Herumgucken klappt nicht mehr so ganz.

Von hier wandern wir abwärts (Wegweiser Streitberg, Muschelquelle), biegen beim Abzweig zur Felsenschlucht nach rechts ab und folgen dann dem Wegweiser Streitberg über Jägersteig. Auf dem schmalen Pfad mit streckenweise schönen Aussichten kommen wir über einige Stufen zu einem breiten Weg, biegen hier nach rechts ab und stehen bald an der Muschelquelle, wo Bänke zum Verweilen einladen.

Die Quelle liegt unterhalb der glatten Wand in einem engen, felsenumschlossenen Tal. Am oberen Ende entspringen neben der Muschelquelle zwei weitere kleine Quellen, deren Wasser in eine Kneippanlage geleitet wird. Das Quellwasser der Muschelquelle tritt aus Mergeln des Oberjura als Schichtquelle zutage. Es lagert Kalktuff ab, der einige Zeit in einem großen Gebiet unterhalb der Quelle abgebaut wurde. Aus diesen Kalktuffsteinen wurde 1910 das Quellhaus der Muschelquelle errichtet, das mit eingesetzten Weißjura-Ammoniten verziert wurde. Bis 1968 wurde die Quelle zur Trinkwasserversorgung der umliegenden Ortschaften genutzt. Bei sehr hoher Quellschüttung entspringt das Wasser dem Schneiderloch oberhalb der Muschelquelle, das ebenfalls eine Quellgrotte und etwa 50 Meter lang ist. Auf einem schönen Promenadenweg erreichen wir wieder Streitberg, wo am Bürgerhaus ein hübscher Kinderspielplatz vorhanden ist. Auf einem vorgeschobenen, zerklüfteten Felsstock stand einst die Veste Streitberg, eine mächtige Burganlage (von 1120). Heute sind nur noch Mauerreste von ihr vorhanden. Fehden und Kriege sowie verworrene Besitzverhältnisse führten immer wieder zu Zerstörung und erneutem Aufbau. Schließlich verwendete man die Steine der Burg für den Bau der Häuser in Streitberg, sodass die Burg nach und nach zur Ruine wurde.

Wanderung zur Riesenburg

Von Höhle zu Höhle

Der »Romantische Rundweg« erinnert an Ludwig Tieck und Wilhelm H. Wackenroder, die als Begründer der deutschen Romantik gelten. Familien mit Kindern interessieren mehr die Höhlen und die teils grausigen Sagen dazu.

Muggendorf und Streitberg sind zusammen die ältesten Luftkurorte der Fränkischen Schweiz. Zahlreiche Schriften zu Beginn des 19. Jahrhunderts sorgten dafür, dass das »Muggendorfer Gebirg« weithin bekannt wurde und vornehme Kurgäste immer zahlreicher kamen. Wir machen es ihnen nach und folgen vom Marktplatz in Muggendorf dem Wegweiser Rundwanderweg Albertshof, Kuchenmühle, Aufseßtal (Markierung gelber Ring) zum Denkmal für die Romantiker der Fränkischen Schweiz W. H. Wackenroder und Ludwig Tieck und wenden uns dort nach links zum Schmiedeberg. An urigen Linden vorbei kommen wir auf eine Hochebene und wandern dort nach rechts in Richtung Albertshof. Es folgt ein schöner Feldweg, auf der Asphaltstraße biegen wir nach

schwer	14,5 km	206 m	4.30 Std.

Alter
Ab 12 Jahren

Tourencharakter
Sehr vielseitige Wanderung in Tälern und auf Höhen, vorwiegend gut begehbare Wald- und Wiesenwege. Anstrengend wegen mehrerer Auf- und Abstiege und der Länge

Ausgangs-/Endpunkt
Muggendorf, Marktplatz

Anfahrt
Bahn/Bus: Busverbindung mit Ebermannstadt. Bahn bis Ebermannstadt, Bus 389. Auto: Autobahn A 9, Ausfahrt Pegnitz und auf B 470 bis Muggendorf

GPS-Koordinaten
49.800200, 11.265985

Einkehr
Gasthof Kuchenmühle, Haus 21, 91346 Wiesenttal, Tel. 09196/377, www.kuchen-muehle, Kinderkarte

Karte
Fritsch Wanderkarte 1:50 000, Naturpark Fränkische Schweiz – Veldensteiner Forst – Hersbrucker Alb, Blatt Süd

Information
Tourist-Information Muggendorf/Streitberg, Tel. 09196/194 33, www.wiesenttal.de

Die Romantiker

Bevor bedeutende Schriftsteller und Maler die Fränkische Landschaft entdeckten, unternahmen Ludwig Tieck (1773–1853) und Wilhelm Heinrich Wackenroder (1773–1798) – zwei Jurastudenten aus Erlangen – 1793 ihre später berühmt gewordene Pfingstreise durch das »Muggendorfer Gebirg«, wie die Fränkische Schweiz damals genannt wurde. Ihre Reiseeindrücke erzählen zwei Mönche, Literaturgestalten von Tieck und Wackenroder, die sich auf der Pilgerfahrt von Pottenstein zum Wallfahrtsort Gößweinstein befanden. Mit der gefühlsbetonten Beschreibung der Landschaft in ihrem Tagebuch wurde die Romantik als Kunstform geboren, die im 19. Jahrhundert zu ihrer vollen Blüte gelangte.

links und an der Straßenkreuzung wieder nach links ab und kommen nach Albertshof.

Durch den Ort erreichen wir den Abzweig zur Kuchenmühle (Wegweiser) und wandern auf einer Asphaltstraße aus dem Ort. Dort verlassen wir die Fahrstraße (beim Schild Kuchenmühle) nach links, gehen abwärts und kommen auf einem schattigen Waldweg zur Kuchenmühle im romantischen Aufseßtal gelegen. Wir überschreiten sie über eine kleine Brücke und wandern im herrlichen Tal in Richtung Doos, wo die Aufseß in die Wiesent fließt. Beim Gasthaus Wanderklause überqueren wir die Straße und folgen dem Wegweiser Romantischer Rundweg nach links. Wir überqueren die Wiesent über eine Holzbrücke und wenden uns nach rechts. Der Markierung gelber Ring folgend, führt unser Wanderweg oberhalb der Wiesent entlang, bis wir an einer kleinen Treppe ankommen. Dort wenden wir uns nach rechts, überqueren die Wiesent erneut und folgen dem Wegweiser Riesenburg, Engelhardsberg, Muggendorf. Nach einigen Metern auf der Straße schwenken wir nach rechts ab und steigen zur Riesenburg, einer gewaltigen Höhle auf, die durch den Einsturz einer Flusshöhlung entstanden ist. Der Wanderweg führt durch ein eindrucksvolles Felsenlabyrinth aufwärts. Den Kindern bringt es Spaß, in diesem Labyrinth herumzuturnen oder den besten Blick durch die Felsbögen zu suchen. Weiter geht es am König-Ludwig-Felsen vorbei, wo sich der König 1830 mit einer Inschrift verewigt hat. Oben angelangt, wenden wir uns bei einer Bank nach links und kommen nach Engelhardsberg.

Wir gehen durch den Ort, schwenken bei der großen Linde mit zahlreichen Wegweisern nach links (ab hier gelten gelber Ring und roter Senkrechtstrich) und halten uns am Ortsausgang rechts. Nun folgt ein Wiesenweg; am Hochspannungsmast biegen wir nach links ab und kommen zu einem Sitzplatz, wo auf einer Tafel ein Vers von dem Romantiker Viktor von Scheffel zu lesen ist. Nach wenigen Metern können wir auf den Adlerstein (530 m) steigen und die Landschaft bewundern. Nun führt der

Von Höhle zu Höhle

Von Muggendorf bietet sich eine Wanderung zu mehreren Höhlen an. Sie beginnt am Marktplatz, führt am Gasthof Kohlmannsgarten vorbei in den Lindenberg und über die Straße Dooser Berg bis zum Parkplatz. Dort zweigt der Wanderweg nach rechts ab (Markierung braunes Kreuz und rechter Senkrechtstrich), der über Oswaldhöhle, Wundershöhle, Witzenhöhle und Rosenmüllershöhle zurück nach Muggendorf führt und 5 Kilometer lang ist (weitere Informationen beim Verkehrsamt, Forchheimer Str. 8).

Wanderweg abwärts durch Buchenwald und zur nächsten Fels-
grotte, dem Qua(c)kenschloss vorbei. Hier möchten die Kinder
die Sage des Quakenschlosses erzählt bekommen …
Wir überqueren eine Kreuzung, biegen am Waldrand nach links
ab und wandern auf breitem Waldweg bergab, bis wir zu einer
Haarnadelkurve kommen. Dort trennen sich gelber Ring und
roter Senkrechtstrich. Wir folgen der Markierung roter Senkrechtstrich zunächst auf-,
dann abwärts. Der Weg leitet uns durch die
60 Meter lange Oswaldhöhle, die mit einer
Höhe von 1,60 Metern recht niedrig ist. Das
16 Meter breite Eingangsgewölbe ist durch
zwei Felsen in drei Gänge geteilt, die sich im
Hauptraum wieder treffen. Die Höhle
wurde nach dem Einsiedler Oswald be-
nannt, der einem Roman zufolge in der
Höhle gelebt haben soll. Noch früher sollen
hier Priester ihre Kulte zelebriert haben.
Wir folgen der Markierung roter Senkrechtstrich weiter zu einem Pavillon im Wald mit
schönem Ausblick auf Muggendorf und das
breite Wiesenttal. Zurück zum Wanderweg,
leitet uns die Markierung roter Senkrechtstrich nach Muggendorf zurück.

Das Aufseßtal nahe der
Kuchenmühle

50 Zum Schwingbogen
Bizarre Felsen und Schönsteinhöhle

leicht	8,6 km	180 m	2.45 Std.

Alter
Ab 8 Jahren

Tourencharakter
Bequeme Rundwanderung auf Wald- und Wiesenwegen, im Bereich des Langen Tales schöne Aussichten in das Wiesenttal

Ausgangs-/Endpunkt
Muggendorf, Markplatz

Anfahrt
Bahn/Bus: Busverbindung mit Ebermannstadt. Bahn bis Ebermannstadt, dann Bus 389.
Auto: Autobahn A 9, Ausfahrt Pegnitz und auf B 470 bis Muggendorf

GPS-Koordinaten
49.803676, 11.262531

Einkehr
Gasthof Kohlmannsgarten in Muggendorf, Tel. 09196/201, www.kohlmannsgarten.de, Dienstagnachmittag Ruhetag, Kindergerichte

Karte
Fritsch Wanderkarte 1:50 000, Naturpark Fränkische Schweiz – Veldensteiner Forst – Hersbrucker Alb, Blatt Süd

Information
Tourist-Information Muggendorf/Streitberg, Rathaus, 91346 Wiesenttal, Tel. 09196/194 33, www.wiesenttal.de

Bei dieser Rundtour wandern wir zur bizarren Felsformation »Schwingbogen« und zur Schönsteinhöhle. Eltern wie Kinder kommen aus dem Staunen nicht mehr heraus. Zurück geht es durch das beschauliche Lange Tal.

Wir starten am Marktplatz in Muggendorf beim Denkmal für die Romantiker der Fränkischen Schweiz und folgen dem Wegweiser Rundwanderweg Langes Tal (Markierung blauer Ring) den Schmiedsberg hinauf. An der ersten Gabelung gehen wir aufwärts, biegen bei der nächsten nach links und folgen dem Wegweiser nach Neudorf, Langes Tal. Auf einem Grasweg über dem Wiesenttal gelangen wir in den Wald am Hang und folgen dem nächsten Wegweiser nach Neudorf.

Am Ortsende biegen wir nach links und gehen auf einer Teerstraße aufwärts. An einem Sitzplatz am Waldrand vorbei gelan-

gen wir in den Wald, halten uns links und erreichen eine Forststraße. Dort schwenken wir nach rechts und kommen zum Wegweiser beim Abzweig »Schwingbogen«. Schon bald stehen wir
vor der beeindruckenden Felsbrücke, hinter der noch weitere
Felsen aufragen – ideales Gebiet für Kinder und ihre Abenteuer-
spiele!

Auf schmalem Weg steigen wir nun über Felsblöcke durch den
»Schwingbogen« hindurch und kommen zum Eingang der
Schönsteinhöhle. Sie befindet sich am
Osthang des Langen Tals und ist eine
Spaltenhöhle mit einem weitverzweig-
ten Netz von Höhlengängen und
wunderschönen Tropfsteingebilden wie
Riesensäule, Ölberg, Orgelgrotte und
Hagelkammer (geöffnet von Mai bis
Ende September, Besuch nur mit Füh-
rung, Tel. 09196/194 33). Durch einen
schmalen Gang ist sie übrigens mit der
Brunnsteinhöhle nordöstlich von Streit-
berg verbunden.

Von der Höhle aus steuern wir auf die
Forststraße zu, wenden uns nach links und
folgen der Markierung blauer Punkt weiter
zu einem überdachten Sitzplatz mit Lehrta-
feln über die einheimischen Singvögel und Greifvögel. Eine gute
Gelegenheit, noch mal eine Pause einzulegen und zusammen
mit den Kindern nach den Vögeln Ausschau zu halten. An einer
Weggabelung vorbei beschreiben wir einen Rechtsbogen und
kommen auf eine Forststraße. Dort schwenken wir nach links
(Talweg Muggendorf) und wandern durch
das Lange Tal hinunter. An einer Treppe steigen wir links abwärts, überqueren eine Brücke und sehen die imposante Burgruine
Neideck (siehe Tour 48) – größte Burg der
Region – auf der anderen Seite des Wiesent-
tales aufragen. Wir folgen immer der Markierung blauer Ring, erreichen die Straße
Zum Schachergraben und gelangen über
den Rosenauweg am Café Wiesenttalblick
vorbei zum Schmiedsberg und dem Ausgangspunkt in Muggendorf.

Linke Seite: Der Schwingbogen ist
ein Felsdurchbruch.

Nussknacker und mehr

Für Kinder ist ein Besuch der Nutcracker
Factory, Erzgebirgische Volkskunst in Muggendorf (Forchheimer Straße 10, gleich
neben dem Verkehrsamt) sehr reizvoll. Neben Nussknackern, Schwibbögen, Räucher-
männern, Pyramiden, Osterartikeln und
Blumenkindern gibt es auch Puppen, Plüsch-
tiere und verschiedenes Spielzeug zu bestaunen und zu kaufen (Tel. 09196/15 26).

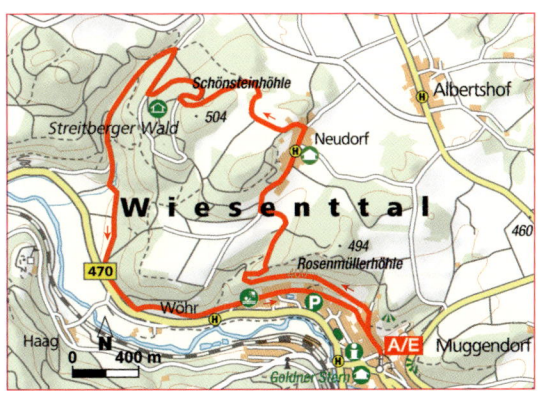

51 Die Teufelshöhle
Frankens unterirdische Wunderwelt

| leicht | 4 km | 30 m | 1 Std. |

Alter
Ab 5 Jahren

Tourencharakter
Wurzelpfad entlang des
Schöngrundsees zur Teufels-
höhle

Ausgangs-/Endpunkt
Bahn/Bus: Haltestelle Potten-
stein Schöngrundsee. Auto:
Parkplatz Schöngrundsee

Anfahrt
Bahn/Bus: Bis Bahnhof Peg-
nitz; mit Bus 389 bis Halte-
stelle Schöngrundsee. Auto:
A 9 bis Ausfahrt Pegnitz; auf
der B 470 erst Richtung Peg-
nitz, dann Richtung Pottenstein.
Alternativ A 73 bis Ausfahrt
Forchheim; auf der B 470 bis
Pottenstein; etwa 2 km nach
der Ortsdurchfahrt Parkplatz
Schöngrundsee

GPS-Koordinaten
49.627781, 11.594803

Karte
Landesamt für Vermessung und
Geoinformation 1:50 000,
Naturpark Fränkische Schweiz,
Veldensteiner Forst, Südl. Teil

Einkehr
Kiosk am Schöngrundsee,
Tel. 09243/ 813

Information
Tourist-Info Pottenstein,
Tel. 09243/708 41,
www.pottenstein.de

Die Teufelshöhle mit dem Höhlenbären-Skelett ist die bekannteste und größte Tropfsteinhöhle der Fränkischen Schweiz. Nach einer beeindruckenden Höhlenführung wartet eine rasante Abfahrt auf der Sommerrodelbahn, eine lustige Bootsfahrt auf dem Seegrundsee oder eine Abkühlung im Felsenbad Pottenstein.

Als fränkische Erlebnismeile für Kinder kann man die Sommerrodelbahn, das Felsenbad und den Schöngrundsee bezeichnen.

Diese Attraktionen kombiniert mit einer kleinen Wanderung und der Besichtigung der Teufelshöhle versprechen einen erlebnisreichen Tag. Vom Nordufer des Schöngrundsees führt uns ein kleiner Wurzelpfad in etwa 20 Minuten am Waldrand entlang zur Teufelshöhle. Dabei bleiben wir immer auf dem oberen Pfad, bis wir am Eingang der Höhle sind. Eine Führung dauert etwa 45 Minuten und geht durch mehrere Säle über drei Stockwerke der Höhle mit zahlreichen Tropfsteinen. Mit Kohlensäure angereichertes Regenwasser löst auf dem Weg durch den Dolomitfels den Kalk und hat so über viele Jahrtausende die Tropfsteine gebildet. Der Ausgang führt durch eine beeindruckende klammartige Schlucht mit gewaltigen Felstürmen. Durch ein kleines Felsenlabyrinth, vorbei an der Kleinen Teufelshöhle, gehen wir wieder über den Waldpfad zum Ausgangspunkt zurück.

Linke Seite: »Kaiser Barbarossa« im Barbarossadom der Teufelshöhle

Unten: das Felsenbad Pottenstein – eines der schönsten Naturfreibäder Deutschlands

Tipp

Am Fossilklopfplatz auf der Hohenmirsberger Platte können die kleinen und großen Forscher nach Ammoniten suchen. Von Pottenstein aus ist er nach etwa 5 km Richtung Bayreuth zu finden. Der Aussichtsturm bietet einen Panoramablick ins Fichtelgebirge, den Frankenwald und den Oberpfälzer Wald. Weitere Infos unter Tel. 0170/886 14 00 oder www.pottenstein.de.

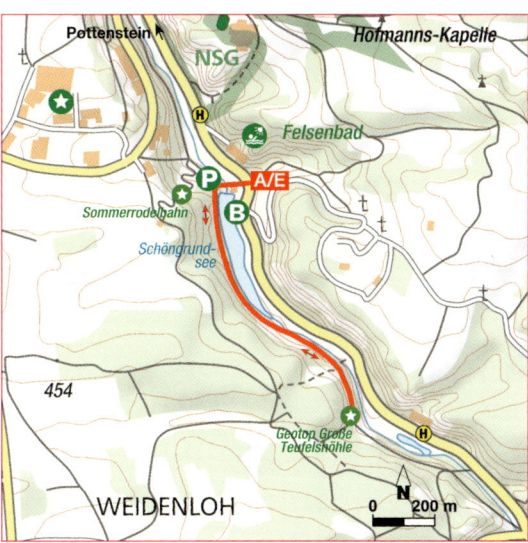

52 Maximiliansgrotte und Steinerne Stadt

Versteinerte Welt aus Felstürmen

leicht	5 km	80 m	1.30 Std.

Alter
Ab 4 Jahren

Tourencharakter
Auf Waldpfaden durch die Felstürme der Steinernen Stadt

Ausgangs-/Endpunkt
Bahn/Bus: Haltestelle Grotten-hof. Auto: Parkplatz Grottenhof

Anfahrt
Bahn/Bus: Bis Bahnhof Neu-haus a. d. Pegnitz; weiter mit Auerbach-Erz-Express, Bus 339 bis Parkplatz Grottenhof (nur an Sonn- und Feiertagen vom 1. Mai bis 1. Nov., Hin-fahrt 9.30 Uhr und 11.30 Uhr, Rückfahrt um 17.28 Uhr).
Auto: A 9 bis Ausfahrt Plech; weiter nach Neuhaus a. d. Pegnitz; dort links Richtung Auerbach; rechts nach Krotten-see; am Ortsende links zum Grottenhof/Maximiliansgrotte

GPS-Koordinaten
49.628872, 11.588468

Karte
Fritsch Wanderkarte 1:50 000, Naturpark Fränkische Schweiz – Veldensteiner Forst – Hers-brucker Alb, Blatt Süd

Einkehr u. Information
Gasthof Grottenhof, Familie Lohner, Tel. 09156/434, www.grottenhof.de, www.maximiliansgrotte.de

Nach dem Besuch der Maximiliansgrotte führt uns ein kleiner Wanderpfad zur Steinernen Stadt. Dieses imposante Felslabyrinth lässt jedes Kinderherz höher schlagen und lädt zu Abenteuern ein.

Zu jeder vollen Stunde kann die Maximiliansgrotte mit einer Führung besichtigt werden. Der Eingang zur Grotte wirkt ganz unscheinbar. Eine alte Holz-tür, an der man bereits die kühle Luft der Grotte spürt, ist der Einstieg in das Reich, in dem früher Höhlenbären wohnten und sich sowohl finstere Gestalten als auch Glücksritter wie Friedrich IV. von der Pfalz herumtrieben. In der Maximiliansgrotte gibt es beeindruckende Sta-lagmiten und Stalaktiten zu entdecken. Nachdem wir

über viele Stufen hinunter in den Bauch des Berges gestiegen sind, durchströmt das Sonnenlicht die Dunkelheit der Höhle. Wir haben den gewaltigen Leißnerdom erreicht. Etwa 26 Meter darüber befindet sich das Windloch, durch das Sonnenlicht her-eindringt und das der ursprüngliche Zugang zur Höhle war. Wir befinden uns 70 Meter unter der Erde und lassen uns von der Schönheit der Maximiliansgrotte verzaubern. In Tausenden von Jahren hat die Natur eine Höhlenwelt mit imposanten Tropfstei-nen erschaffen. Während der halbstündigen Führung durch die Grotte gibt es in der bizarren Kalksteinwelt vieles zu bewun-dern. Nach der Grottenbesichtigung können Sie eine gemütliche Pause im Gasthaus Grottenhof oder auf den einladenden Brot-zeitplätzen im Wald machen. Auch über den Spielplatz werden sich Ihre Kinder freuen. Nach der Pause führt uns ein kleiner

Das Felsentor der
Vogelherdgrotte

Pfad durch Wälder, deren Bäume und Steine mit Moos bewachsen sind, zur Steinernen Stadt hinauf. Für diese Welt aus Fels sollten Sie sich unbedingt Zeit zum Erkunden reservieren. Eine abenteuerlichere Spielkulisse lässt sich kaum finden. Nach dem Durchwandern der Steinernen Stadt kommen wir zur Vogelherdgrotte, die wir durch ein mächtiges, etwa 20 Meter langes Felsentor durchschreiten.

Auf den Rundweg folgen wir dem Wegweiser mit dem grünen Punkt auf einem kleinen Wurzelweg durch den Wald hinauf zum Felsenriff der Weißingkuppe. Der Pfad schlängelt sich um den Felsblock herum und führt hinab zu einer Forststraße. Unser Weg geht links mit der Markierung des grünen Punkts weiter. Nach dem Überqueren einer weiteren Forststraße führt uns ein Waldpfad steil hinauf zur Steinernen Stadt. Diese durchwandern wir und treffen wiederum auf eine Forststraße, markiert mit dem grünen Punkt. Hier geht es ein kurzes Stück nach rechts, bis uns die Wegmarkierung links auf einen Waldweg zur Vogelherdgrotte führt. Ein riesiges Felsentor führt uns in die Grotte. Anschließend gehen wir auf unserem Wanderweg weiter bis zur nächsten Weggabelung. Hier führt uns ein Wegweiser mit rotem Kreuz links zurück zur Maximiliansgrotte.

> **Tipp**
>
> Nach der Tour sollten Sie unbedingt den Grottenkäse probieren, einen handgekästen Hartkäse aus Kuhmilch vom Grottenhof, geräuchert und mindestens zehn Wochen in der Maximiliansgrotte gereift. Je nach Geschmack gibt es ihn mit frischen Kräutern, Kümmel, grünen Pfefferkörnern oder mit Bärlauch.

53 Hirschbacher Höhlenweg
Entdeckungsreise in die Welt der Höhlen

| leicht | 4 km | 150 m | 2 Std. |

Alter
Ab 4 Jahren

Tourencharakter
Wald- und Wiesenpfade

Ausgangs-/Endpunkt
Bahn/Bus: Haltestelle Hirschbach Dorfplatz. Auto: Parkplatz am Gasthof Goldener Hirsch

Anfahrt
Bahn/Bus: Ab Bhf. Hersbruck rechts d. Pegnitz mit Bus 446; ab Fischbrunn, Pommelsbrunn Bus 498 nach Hirschbach.
Auto: A9 bis Lauf-Nord; weiter auf der B14 Richtung Hersbruck-Sulzbach Rosenberg; Hersbruck rechts umfahren; weiter bis Hohenstadt/Neuhaus; in Hohenstadt rechts in Richtung Neuhaus; nach 2km rechts bis Hirschbach

GPS-Koordinaten
49.555493, 11.536202

Karte
Fritsch Wanderkarte 1:50000, Hersbrucker Alb in der Frankenalb Nr. 72, Fränkische Schweiz, Blatt Süd Nr. 53

Einkehr
Gasthof Goldener Hirsch, Tel. 09152/98 63 00, Montag Ruhetag

Information
Fremdenverkehrsverein Hirschbach, Tel. 09152/83 95, www.hirschbachtal.de

Diese kurzweilige, erlebnisreiche Wanderung führt uns in einen mystischen Wald mit spannenden Höhlen. Ein kleiner Pfad verbindet drei Höhlen, die erkundet werden wollen. Eine Tour mit wenig Gehzeit, dafür viel Spielzeit.

Der Wald- und Wiesenpfad verläuft erst etwas steil hinauf in den Wald zur Schmiedberghöhle. Die fast zehn Meter lange, fünf Meter breite und drei Meter hohe Hallenhöhle sollten Sie mit Ihren Kindern unbedingt erkunden. Eine Taschenlampe ist dabei sehr hilfreich. Unser Pfad führt uns an Waldlichtungen mit hohem Gras vorbei und weiter in den wunderschönen, verwunschenen Mischwald zur nächsten Höhle. Diese kleine Versturzhöhle, die wohl von Meeresstrudeln geformt wurde, lädt zum Verstecken und Spielen ein. Hier kann man gut und gerne eine längere Pause einlegen. Die Kinder können in die Höhle hineinkriechen,

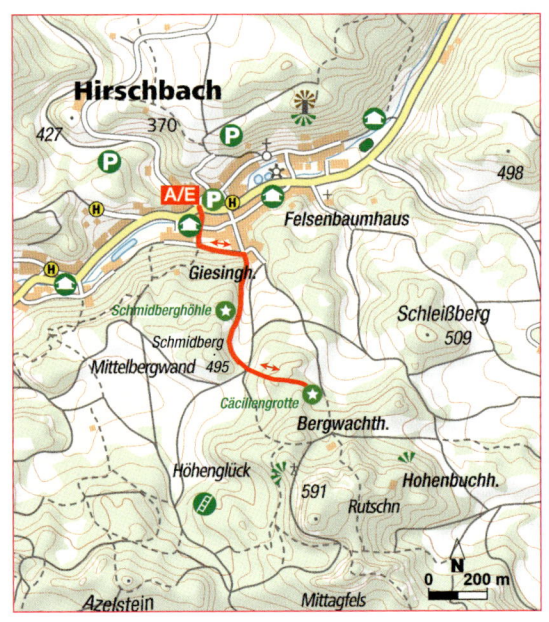

herumklettern und aus kleinen Felsenfenstern herausgucken. Der Pfad schlängelt sich weiter durch den Wald und wir gelangen zum Höhepunkt der Wanderung, der Cäciliengrotte. Die zweiräumige Höhlenruine mit einer Gesamtlänge von 40 Metern ist an der weitesten Stelle elf Meter breit und sechs Meter hoch. Durch die erste Halle kann man über eine kleine Felswand ungefährlich in den hinteren Höhlenraum klettern. Diese eindrucksvolle Höhle ist ein perfekter Pausenplatz für eine Brotzeit und besitzt sogar eine Feuerstelle. In der Cäciliengrotte hat man das Gefühl, jegliches Gespür für Zeit und Raum zu verlieren. Wir laden Sie ein, mit Ihren Kindern in die Welt der Zwergen und Kobolde abzutauchen.

Vom Wanderparkplatz beziehungsweise der Bushaltestelle gehen wir an der gegenüberliegenden Straßenseite vom Gasthof Goldener Hirsch auf einer Brücke über den Bach und folgen den Schildern »Am Schmiedberg« und »Höhlenrundweg Nr. 3«. Anschließend passieren wir den Gasthof Norissteig und gehen bergauf, vorbei an einigen Häusern, zum Wald. Dort folgen wir dem Wegweiser »Höhlenrundweg Nr. 3« links bis zu den letzten Häusern. Auf der Wiese geht nun der Wanderweg, der auf einem Stein markiert ist, weiter bergauf in den Wald. Zuerst am Waldrand, dann rechts in den Wald folgen wir dem Wegweiser »Höhlenrundweg Nr. 3« bis zur Schmiedberghöhle. Der Weg führt uns weiter auf eine Waldlichtung. Am Waldrand entlang verläuft der Wiesenpfad auf einen Forstweg. Diesen überqueren wir bei einem Jägerstand und gehen dem Wegweiser »Höhlenrundweg Nr. 3« in den Wald nach. Der Waldpfad führt uns vorbei an einer Versturzhöhle und weiter zur Cäciliengrotte. Zurück zu unserem Ausgangspunkt gelangen wir auf demselben Weg.

Tipp

Das Hirschbachtal ist mit dem Norissteig und dem Höhenglücksteig ein Paradies für Kletterer. Für Einsteiger bietet das Berg- und Skiteam jura alpin einen eintägigen Klettersteigkurs für Familien an. Methodisch herangeführt wird am Kinderklettersteig Via Ferrata Bambini. Nach den ersten Fortschritten geht es dann in die Klettersteiganlage Höhenglücksteig. Weitere Infos unter Tel. 09152/92 15 55 oder www.berg-skiteam.de.

Links: das Eingangsportal der Schmiedberghöhle

Kinderwissen

Wie sieht das Nest des Eichhörnchens aus?

Das Eichhörnchennest, auch Kobel genannt, wird aus Zweigen gebaut und ist kugelrund. Im Inneren wird es mit Gras, Moos und Federn ausgepolstert. Jedes Eichhörnchen baut mehrere Kobel, wobei es im größten seine Jungen aufzieht und den Winter verbringt.

Welche Farbe hat das Fell der Eichhörnchen, die in Nadelwäldern leben?

Anders als die leuchtend rotbraunen Eichhörnchen in unseren Laubwäldern sind die Eichhörnchen, die in dunklen Nadelwäldern leben, ganz schwarz gefärbt. Von ihrem größten Feind, dem Baummarder, können sie nun nicht so leicht entdeckt werden, da sie gut getarnt sind.

Wie viele Waldameisen leben in einem Ameisenhügel?

Ca. 800 000 Ameisen leben in einem Ameisennest. Wie in einem Staat sind die verschiedenen Aufgaben unter den Ameisen verteilt. Die einen gehen draußen auf Futtersuche, die anderen kümmern sich um die Brut und bringen die von der Königin gelegten Eier in die Brutkammern. Und wieder andere versorgen die Vorräte im Nest.

Mit welcher List fängt eine Amsel Regenwürmer?

Die Amsel trippelt auf dem Boden herum und ahmt so Regentropfen nach. Nun glauben die Regenwürmer, es würde regnen, und kommen deshalb schnell aus dem Boden, damit sie dort nicht ertrinken. Nun ist es ein leichtes Spiel für die Amsel, die Regenwürmer aufzupicken.

Wie begrüßt sich ein Storchenpaar im Nest?

Jedes Frühjahr trifft sich das Storchenpaar nach seiner Rückkehr aus dem warmen Süden wieder in seinem Nest. Sie begrüßen sich freudig durch lautes Klappern mit ihren langen roten Schnäbeln. Dabei werfen sie den Kopf nach hinten. Es ist immer das gleiche Paar, das sich ein Leben lang treu bleibt.

Fliegenpilz am Wegesrand

Woher hat der Fliegen-
pilz seinen Namen?

Er betäubt Fliegen. Ein in Milch eingeleg-
ter Fliegenpilz kann als Fliegenfalle ver-
wendet werden. Die Fliegen sterben nicht
daran, sondern werden nur bewusstlos.
Übrigens, wo ihr Fliegenpilze findet, ist
auch der Steinpilz nicht weit.

Wie viele Kilometer muss
eine Honigbiene fliegen,
um ein Glas Honig voll zu
bekommen?

Um einen Liter Honig zu sammeln, muss
eine Biene ca. 250 000 Kilometer weit

fliegen. Das heißt, um ein Glas mit 500
Gramm Honig zu sammeln, muss sie dreimal um die Erde fliegen.

Warum stechen die
männlichen Bienen nicht?

Die männlichen Bienen, auch Drohnen
genannt, können wir bedenkenlos in die
Hand nehmen, da sie keinen Stachel
haben. Übrigens können auch männliche
Wespen nicht stechen.

Wie groß ist eine
Zwergfledermaus?

Sie ist so groß wie unser Daumen und
wiegt so viel wie ein Stück Würfelzucker.
Die Zwergfledermaus ist unsere kleinste
heimische Fledermaus. In einem Schuhkar-
ton haben 100 Zwergfledermäuse Platz.
Übrigens kommt sie am häufigsten in unseren Gärten vor.

Wie lange kann ein Biber
tauchen?

Der Biber kann bei Gefahr bis zu 20 Minuten unter Wasser bleiben. Dabei kann
er Ohren und Nase verschließen.

Am Brombachsee kinderleicht
über das Wasser laufen

Am, auf und
im Wasser

und auch mal barfuß

54 Bootswandern auf der Wiesent

Im Herzen Frankens zu Wasser unterwegs

leicht	5 km	keine	2 Std.

Alter
Ab 2 Jahren als Familientour

Tourencharakter
Genussvolle Bootswanderung
in herrlicher Landschaft

Ausgangs-/Endpunkt
Doos (Kajak-Mietservice,
Tel. 09196/99 84 23,
www.kajak-mietservice.de)

Startpunkt
Pulvermühle (Kajaktransport
um 9.30 Uhr und 13.30 Uhr)

Endpunkt
Doos

Anfahrt
Auto: A 9 Pegnitz, B 470 bis
Behringersmühle, St 2191
nach Doos

GPS-Koordinaten
49.835408, 11.343812

Einkehr
Café Doose, Haus Aufseßtal,
Tel. 09196/ 92 94 80,
www.hausaufsesstal.de

Karte
Flusswanderkarte der Wiesent

Information
Tourist-Info Fränkische Schweiz,
Tel. 09191/86 10 54

Bootswandern auf der Wiesent gehört zu den Highlights der Fränkischen Schweiz. Durch das bezaubernde Tal geht es erst gemächlich und dann immer flotter dahin. Erfahrene Paddler mit älteren Kindern wagen sich sogar an eine größere Tour.

Für einen gemütlichen Familienausflug per Boot eignet sich zwischen Mai und September besonders der Flussabschnitt von der Pulvermühle bei Waischenfeld nach Doos. Hier schlängelt sich die Wiesent durch das enge Tal und wird von Feldern, Wiesen und immer wieder Felstürmen gesäumt – eine herrliche Szenerie. Nach dem Bootstransfer und einer kurzen Einweisung in die Paddeltechnik steigen wir in unser Kajak. Der Perspektivenwechsel macht das Bootswandern zum besonderen Erlebnis und entschleunigt unsere gewöhnliche Alltagshektik. Wir paddeln

vorbei an Entennestern, begegnen Blesshühnern mit ihren Jungen, fahren unter Trauerweiden hindurch und passieren die eindrucksvolle Burg Rabeneck, die hoch auf ihrem Felsen thront. Unser sanftes Dahingleiten wird von zwei Wehren unterbrochen, an deren Stelle wir die Kajaks umtragen müssen. Zwei kleine Stromschnellen, die jedoch ohne Probleme gemeistert werden können, indem wir das Boot ganz ruhig steuern, bleiben die einzige Herausforderung auf dieser entspannten Paddeltour. Am Ende verspricht dann unser Einkehrtipp noch eine herrliche Pause auf der Terrasse direkt an der Aufseß, die an dieser Stelle in die Wiesent mündet. Nach einer kleinen Stärkung sollten wir mit den Kindern unbedingt das liebevoll angelegte »Erfahrungsfeld der Sinne«, das von den Bewohnern des Hauses Aufseßtal geschaffen wurde, erkunden. Hier kann man sich auf der Murmelpyramide sanft wiegen lassen und dabei den Himmel tanzen sehen; auf dem Balancierbalken sein Gleichgewicht finden und auf dem Barfußweg seinen Füßen ein kleines Abenteuer gönnen; im Labyrinth sich selbst finden; im Duftzelt an vielen Düften schnuppern; seine unterschiedlichen Spiegelbilder betrachten; die Töne der Klangpfannen und Klangröhren hören und im Kräutergarten schnuppern. Nach dieser Entdeckungsreise mit ganz anderen Abenteuern schicken wir vielleicht noch auf dem Wunschbaum unsere Wünsche zum Himmel …

Paddelspaß auf der Wiesent

Paddellust

Lust am Paddeln gefunden? Mit Kindern ab 8 Jahren bietet sich eine anspruchsvollere, spritzige Tagestour an, die von Doos bis Muggendorf (14 km, ca. 4 Std.) oder bis Streitberg (18 km, ca. 5 Std.) führt. Die Wiesent wird hier lebhafter und die Herausforderung besteht darin, viele kleine Stromschnellen zu meistern. Auf halber Strecke lädt der Biergarten Sachsenmühle direkt am Fluss zu einer Stärkung ein.

55 Von Pottenstein nach Tüchersfeld

Ins Felsendorf am Umlaufberg

mittel	11 km	90 m	3.15 Std.

Alter
Ab 8 Jahren

Tourencharakter
Vorwiegend auf gut begehbaren Wald- und Feldwegen, im Püttlachtal

Ausgangs-/Endpunkt
Pottenstein, Städt. Verkehrsamt/Kurverwaltung

Anfahrt
Bahn/Bus: Busverbindung mit Ebermannstadt. Bahn bis Ebermannstadt, dann Bus 389.
Auto: Autobahn A 9, Ausfahrt Pegnitz-Grafenwöhr, auf B 2/B 470 nach Pottenstein

GPS-Koordinaten
49.769790, 11.405868

Einkehr
Gasthaus Zum Fahnenstein, Pottenstein-Tüchersfeld, Tel. 09242/91 71, www.zumfahnenstein.de, Dienstag Ruhetag

Karte
Fritsch Wanderkarte 1:50 000, Naturpark Fränkische Schweiz – Veldensteiner Forst – Hersbrucker Alb, Blatt Süd

Information
Tourist-Info Pottenstein, Tel. 09243/708 41, www.pottenstein.de

Diese Wanderung führt durch das reizvolle Püttlachtal nach Tüchersfeld, einem zauberhaften Dörfchen. Seine Fachwerkhäuser schmiegen sich dicht an bizarre Felstürme, die früher einmal ganz von Wasser umgeben waren.

Wir starten beim Städtischen Verkehrsamt in Pottenstein und gehen die Forchheimer Straße bis zur B 470, wo wir uns nach rechts wenden und der Straße etwa 200 Meter folgen. Dort überqueren wir sie und gehen in den links abzweigenden Waldweg (Leo-Jobst-Weg, Markierung rotes Kreuz). Wir steigen leicht aufwärts, bis bei einer Bank rechts ein Pfad mit mehreren auffälligen Markierungen erscheint, zu denen auch unsere Markierung gehört. Hier wenden wir uns nach rechts, wandern mal leicht ansteigend, dann wieder abwärts, parallel zur Straße und der Püttlach. Wir steigen einige Stufen hinunter und sehen bald durch die Bäume auf der gegenüberliegenden Seite den Campingplatz Bärenschlucht liegen. Unser Weg führt nun an Felswänden vorbei, die auch bei Kletterern beliebt sind, nähert sich immer mehr der Püttlach und bietet schöne Aussichten in das Tal. Die erste Rast können wir auf der Terrasse der Gaststätte beim Campingplatz Fränkische Schweiz einlegen, der direkt am Wanderweg liegt und mit einem schönen Kinderspielplatz aufwartet. Wir gehen auf dem Leo-Jobst-Weg weiter und kommen auf einem schmalen Waldweg nach Tüchersfeld, einem imposanten Dorf mit eng an den Felsen gebauten Häusern, der Umkehrpunkt der Runde. Mitwandernden Kindern kann man hier erklären, dass der Tüchersfelder Felsklotz einen sogenannten Umlaufberg darstellt – früher floss die Püttlach nämlich außen herum, bis fortschreitende Erosion einen Durchbruch des Flusses ermöglichte und der Felsen nun isoliert dasteht. Das Fränkische Schweiz-Museum gibt weitere Informationen.

Von Tüchersfeld folgen wir der Markierung blauer Ring nach Hühnerloh, wo sich im Gasthof Bayer eine weitere Rast lohnt. Über eine Asphaltstraße kommen wir zu einer Dreiergabelung,

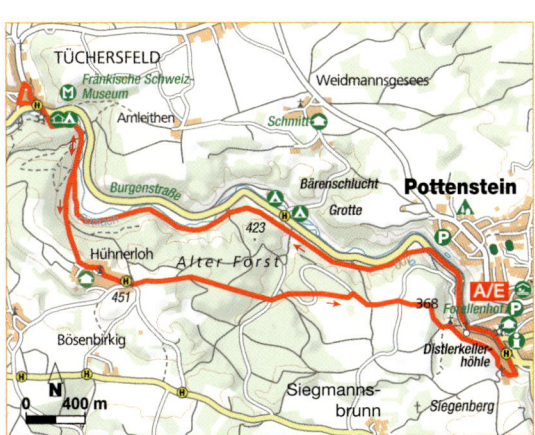

wo wir den mittleren Weg wählen und danach eine Wegekreu-
zung überqueren. Nun wandern wir im Wald weiter, dürfen den
folgenden Abzweig nach links nicht verpassen und folgen der
Markierung blauer Querstrich bis zur Kreuzkapelle oberhalb
von Pottenstein. Dort wenden wir uns nach rechts und steigen in
das Tal mit schöner Aussicht auf den Ort abwärts. Über die
Forchheimer Straße erreichen wir den Ausgangspunkt. Nun
lockt vielleicht noch ein Schwimmbadbesuch.

In Tüchersfeld schmiegen sich die
Häuser dicht an die Felsen.

Das Juramar

In Pottenstein befindet sich das Frei-
zeit- und Erlebnisbad Juramar mit
Attraktionsbecken, Kinderbecken,
Wasserrutsche und einem außerhalb
gelegenen Warmbecken.
(Am Kurzentrum 4, 09243/903166,
www.juramar.info).

56 Schatzsuche im Altmühlsee

Als Pirat unterwegs

leicht – – Fahrtzeit: 1 Std.
Schminkzeit: 1 Std.

Alter
Ab 4 Jahren

Tourencharakter
Abenteuerliche Piratenfahrt zur Schatzinsel im Altmühlsee

Ausgangs-/Endpunkt
Bahn: Bahnhof Gunzenhausen.
Auto: Parkplatz Schlungenhof

Anfahrt
Bahn/Bus: Bis Bhf. Gunzenhausen, weiter mit Altmühlsee-Express (Sa/So/Fei), www.gunzenhausen-mobil.de, Fußweg s. Tour 6; Auto: A 6 bis Gunzenhausen; weiter auf der B 466 nach Gunzenhausen; Umgehung um Gunzenhausen auf der B 13 Richtung Ansbach; in Schlungenhof links Richtung Wanderparkplatz Schlungenhof

GPS-Koordinaten
49.120596, 10.754671

Karte
Landesamt für Vermessung und Geoinformation 1:50 000, Fränkisches Seenland

Einkehr
Seerestaurant Strandblick, Tel. 09831/884 83 69;
Altmühlsee-Café, Tel. 09831/883 67 77

Information
Tourist-Info Gunzenhausen, Tel. 09831/50 83 00, www.gunzenhausen.info

Wer träumt nicht davon, einmal mit einer Totenkopf-flagge in See zu stechen und einen verborgenen Schatz zu suchen? Vielleicht sogar in einer Flaschenpost eine Schatzkarte zu finden? Diesen Traum können Sie sich mit Ihren Kindern auf dem Altmühlsee erfüllen.

Das Piratenschiff startet in den bayrischen Pfingst- und Sommerferien jeden Dienstag- und Freitagnachmittag im Seezentrum Schlungenhof am Altmühlsee, außerhalb der Ferien einmal die Woche. Es lohnt sich bereits eine Stunde früher da zu sein, um sich als Pirat zu ver-

Frauenpower an Bord des
Piratenschiffes

Linke Seite: Totenkopfflagge auf
dem Altmühlsee

kleiden und schminken zu lassen. Wenn es dann endlich losgeht, steht der Kapitän mit der Totenkopfflagge auf seinem Piratenschiff schon bereit. Volle Kraft voraus, denn wir sind die Stärksten auf dem See. Wer Lust hat, einmal ein Piratenschiff zu steuern, kann dies gerne tun. Mit einer Kapitänsmütze auf dem Kopf ist das auch ein Kinderspiel. Nun besteht die erste Aufgabe darin, eine bunte Flaschenpost auf dem See zu suchen. Wer sie als Erster entdeckt, darf sie mit einem riesigen Kescher herausfischen. Tatsächlich ist eine Schatzkarte darin versteckt. Jetzt schnell zur Schatzinsel, auf deren Kiesbank unser Piratenschiff strandet. Alle Piraten von Bord und auf zur Schatzsuche – ein Riesenspaß für die ganze Familie, den man sich auf keinen Fall entgehen lassen sollte. Der Schatz wird zum Schluss natürlich unter den Piraten aufgeteilt.

Tipp

Für mutige Kinder gibt es auch eine gruselige Gespensterfahrt, die zur Dämmerung in den Sommermonaten auf dem Altmühlsee stattfindet. Weitere Infos unter Tel. 09831/50 81 91 oder www.altmuehlsee-schifffahrt.de.

57 Belebende Waldrunde über dem Igelsbachsee

Auf dem Barfuß-Wonnen-Weg

leicht | Bahn: 3,5 km Auto: 2,5 km | Bahn: 110 m Auto: 80 m | Bahn: 1.45 Std. Auto: 1 Std.

Alter
Ab 3 Jahren

Tourencharakter
Barfuß-Wonnen-Weg mit vielen Themenstationen im Wald

Ausgangs-/Endpunkt
Bahn/Bus: Haltestelle Enderndorf Seeufer. Auto: Parkplatz Barfuß-Wonnen-Weg

Anfahrt
Bahn/Bus: Ab Bhf. Roth weiter mit Bus 609 Bombachsee-Express bis Haltestelle Enderndorf; ab Bhf. Gunzenhausen u. Langlau weiter mit Bus 699 Kleiner-Brombachsee-Express, www.seenexpress.de, 01.05 bis 01.11 an Sa–So/Fei. Auto: A 8 bis Allersberg; nach Roth; über B 2 Richtung Gunzenhausen nach Röthenbach; über Spalt nach Enderndorf zum Parkplatz Barfuß-Wonnen-Weg

GPS-Koordinaten
49.144408, 10.913994

Karte
Landesamt für Vermessung und Geoinformation 1:50 000, Fränkisches Seenland

Einkehr
Gaststätten in Enderndorf

Information
Tourist-Info Spalt, Tel. 09175/79 65 50, www.barfusspark.info

Auf dem Barfuß-Wonnen-Weg können die Kinder über einen federnden Waldboden laufen, auf Holzschlangen balancieren, von Baumstumpf zu Baumstumpf springen, mit Holz musizieren, im Wasser plantschen, Naturmaterialien tasten, zwischen Stangen klettern und in Hängematten schaukeln.

Eine beliebte Attraktion im Fränkischen Seenland ist der Barfuß-Wonnen-Weg zwischen Enderndorf und Spalt. Am Ausgangspunkt können Schuhe und Wertsachen in Schließfächern verstaut werden. Vom Ballast befreit, geht es über verschiedene Bodenbeläge. Dabei dürfen Sie mit Ihren Kindern über unterschiedlichste Naturmaterialien wandern. Besonders intensiv spürt man den jeweiligen Untergrund mit geschlossenen Augen, den es dann zu erraten gilt. Einmal dürfen Sie sogar über Glasscherben laufen, an denen Sie sich jedoch nicht verletzen können. Auch das Wassertreten kommt nicht zu kurz, hierzu führen Treppenstufen in einem Bach, in dem man wunderbar plantschen kann.

Neben einem Stelzen-Parcours gibt es auch eine Balancierstrecke über eine Schlange aus Holz. Zudem lädt ein Holzxylophon zum Musizieren ein. Wer eine Pause einlegen möchte, kann sich auf einen der liebevoll geschnitzten Holzpilze und Holzstühle setzen. Ausspannen und dabei in die Baumkronen der Kiefern schauen kann man auf zwei Schaukelmatten, die nicht nur auf Kinder einladend wirken. In Tastkästen können unterschiedliche Naturmaterialien gefühlt und erraten werden. Ein wirklich sehr gelungener und abwechslungsreicher Weg, der diesen Tag für Groß und Klein zu einem Abenteuer werden lässt. Am Ausgangspunkt besteht die Möglichkeit, die Füße zu waschen. Der Barfuß-Wonnen-Weg wird von April bis Oktober gepflegt. Für Kinderwagen und Rollstühle ist er nicht geeignet. Hunde müssen draußen bleiben. Der Eintritt ist frei, Spenden jedoch willkommen.

Bahn- und Busfahrer gehen von der Bushaltestelle Enderndorf Seeufer den Rad- und Fußweg entlang der Straße bergauf, vorbei am Abenteuerwald zum Parkplatz Barfuß-Wonnen-Weg, an dem sie auf die *Autofahrer* treffen. Am Parkplatz sehen wir weiße Barfuß-Symbole auf die Straße gemalt, die uns zuerst über eine Straße und dann entlang des Waldrandes zum Ausgangspunkt des Barfuß-Wonnen-Weges führen. Nachdem wir unsere Schuhe ausgezogen haben, beginnt die Strecke mit großen Fußtritten aus Beton, auf denen wir gut laufen können. Vorbei an unterschiedlichen Themenstationen, gehen wir über mehrere Stufen durch lichten Fichten- und Föhrenwald bergab. An einem Bach können wir sogar durchs Wasser laufen. Dann folgen wir dem Rundweg, der uns später am Waldrand zurück zum Bach führt. Von hier aus entspricht die restliche Wegstrecke der des Hinweges.

Unten: Nicht nur Kindern macht Barfußgehen Spaß.

Tipp

Ein außergewöhnliches Klettererlebnis in den Bäumen erwartet Sie beim Besuch des Abenteuerwaldes Enderndorf (siehe auch Tour 27). Die längste Seilrutsche Deutschlands lässt Sie zum Abschluss über den Igelsbachsee sausen. Weitere Infos unter Tel. 09175/ 90 72 57 oder www.abenteuer-wald.com.

58 Barfuß am Brombachsee

Sandstrände und Wellenrauschen
an der Fränkischen Riviera

| leicht | 4 km | – | 2 Std. |

Alter
Ab 4 Jahren

Tourencharakter
Schöne Pfade am Strand

Ausgangs-/Endpunkt
Bahn/Bus: Haltestelle Enderndorf Seeufer. Auto: Parkplatz Strandhaus Zweiseenplatte Enderndorf

Anfahrt
Bahn/Bus: Ab Bhf. Roth weiter mit Bus 609 Bombachsee-Express bis Haltestelle Enderndorf; ab Bhf. Gunzenhausen u. Langlau weiter mit Bus 699 Kleiner-Brombachsee-Express, www.seenexpress.de, Sa–So/Fei. Auto: A8 bis Allersberg; nach Roth; B2 nach Röthenbach; über Spalt; nach Enderndorf zum Parkplatz

GPS-Koordinaten
49.144239, 10.913672

Karte
Landesamt für Vermessung und Geoinformation 1:50 000, Fränkisches Seenland

Einkehr
Strandhaus Zweiseenplatz, Tel. 09175/9080408, von April bis Oktober täglich geöffnet

Information
Tourist-Info Harsdorfer Schlösschen, Tel. 09175/ 688, www.fraenkisches-seenland.de

Lust auf Wasser, Strand und Wellen? Dann auf nach Franken. Ja, Sie haben richtig gehört. Auf dem weitläufigen Strandabschnitt am Großen Brombachsee mit Blick auf die Segelschiffe und dem Rauschen der Wellen kommt richtiges Urlaubsfeeling auf.

Eine sicherlich etwas ungewöhnliche Wanderung haben wir Ihnen heute anzubieten, die Ihren Kindern aber gefallen dürfte. Der Brombachsee ist zwar ein künstlich angelegter See, umso perfekter ist aber seine touristische Infrastruktur, die Ihnen einen gelungenen Urlaubstag ermöglicht. Enderndorf liegt zwischen dem Igelsbachsee und dem Großen Brombachsee im Herzen des

Fränkischen Seenlandes. Von hier aus erstrecken sich nach Osten am Nordufer des Großen Brombachsees die wunderschönen Strandabschnitte. Alte Kiefern und herrlich gelb blühende Ginstersträucher säumen die Sandstrände. Ein wahrlich perfektes Ambiente, um einen Urlaubstag im Frankenland einzulegen. Laufen Sie einfach so lange, wie Sie wollen. Besonders angenehm ist es barfuß zu gehen, bis Sie Ihren perfekten Sonnenplatz gefunden haben, um mit Ihren Kindern im Wasser zu plantschen oder eine Sandburg zu bauen. Zwischen Enderndorf und dem sogenannten Streckfuß werden auch Sie Ihren Platz zum Ausspannen finden. Als Highlight empfehlen wir Ihnen dann, in unserem Tipp beschrieben, von Enderndorf aus eine Rundfahrt mit der MS-Brombachsee. Zudem gibt es in Enderndorf einen Verleih für Ruderboote. Im Strandhaus Zweiseenplatz können Sie Ihre Füße nochmals in den Sand stecken, während Sie Ihren Kaffee genießen. Die Kinder können sich auf den umliegenden Spielplätzen weiter austoben oder über das Wasser laufen – mithilfe von überlebensgroßen, durchsichtigen Bällen kann der Marsch übers Wasser beginnen. Die elastischen Kugeln sind an Leinen gesichert und versprechen ein spaßiges Freizeitangebot ohne jede Altersbeschränkung. Infos unter www.wasserlaufen-bamberg.de.

Vom Parkplatz beziehungsweise der Bushaltestelle am Brombachsee in Enderndorf gehen wir zum Strandhaus Zweiseenplatz am Brombachsee. Dort wenden wir uns links dem ostseitigen Rad- und Fußweg zu. Ihm folgen wir, vorbei an einer mit Schilf bewachsenen Bucht. Dann zweigen rechts viele kleine Pfade zum Sandstrand ab, denen Sie nun weiter ostwärts folgen können. Ebenso verläuft dazu parallel ein Pfad durch den Buschbewuchs bis zu Ihrem Strandplatz. Sie können auf diesem Strandabschnitt bis zur Bucht am sogenannten Streckfuß laufen. Dann gibt es bis zur Staumauer keine Strandabschnitte mehr. Der Rückweg ist mit dem Hinweg identisch.

Linke Seite: Spielplatz am Strand des Brombachsees

Tipp

Eine Rundfahrt mit der MS-Brombachsee können Sie von Enderndorf aus machen. Die Schiffe verkehren etwa alle eineinhalb Stunden. In dem großen Gastronomieangebot findet sicherlich das Piraten-Menü Anklang bei Ihren Kindern. Wir wünschen Ihnen schon jetzt auf dieser Fahrt viel Spaß und guten Appetit. Weitere Infos unter Tel. 09144/92 70 50, Schiffstel. 0172/592 51 30 oder www.msbrombachsee.com.

59 Der Karlsgraben

Nordsee oder Schwarzes Meer – wohin schicken wir das Wasser?

leicht	2 km	30 m	1 Std.

Alter
Ab 3 Jahren

Tourencharakter
Kleiner Wurzelpfad oberhalb des Karlsgrabens durch wunderschönen alten Baumbestand

Ausgangs-/Endpunkt
Parkplatz am Karlsgraben bzw. Bushaltestelle Graben

Anfahrt
Bahn/Bus: Bahn bis Treuchtlingen, Bus 880.3 oder Rufbus nach Graben, unter Tel. 09142/96500 od. 0160/96965511 mind. 60 Minuten vorher bestellen. Auto: B2 oder B13 über Treuchtlingen nach Graben. Dort dem Schild »Fossa Carolina« folgen

GPS-Koordinaten
48.983315, 10.921332

Karte
Landesamt für Vermessung und Geoinformation, 1: 50 000, Naturpark Altmühltal

Einkehr
Gaststätte Zum Karlsgraben, Tel. 09142/45 21, www.gaststaette-zum-karlsgraben.de, Montag Ruhetag

Information
Informationszentrum Naturpark Altmühltal, Tel. 08421/98760, www.naturpark-altmuehltal.de

Die Fossa Carolina ist eines der größten Technikdenkmäler des früheren Mittelalters und Ziel unserer Wanderung. Der Kanal erzählt vom Versuch Karl des Großen, Rhein und Donau durch eine Wasserstraße zu verbinden. Am Wasserscheiden-Brunnen können Kinder experimentieren.

Das kleine Dorf Graben mit seinen typischen Jurahäusern liegt sehr idyllisch im Altmühltal. Die Schwäbische Rezat und die Altmühl fließen hier nur knapp zwei Kilometer voneinander entfernt, mit einem Höhenunterschied von weniger als 10 Metern, was die Baumeister Karl des Großen erkannten und daher hier mit großem Aufwand im Jahre 793 n. Chr. begannen, den Karlsgraben zu bauen. Von dem 5000 Meter langen Kanal sind noch knappe 500 Meter vorhanden. Ob der Kanal je fertiggestellt und genutzt wurde, ist im Dunkeln.

Von der Dorfkirche aus sehen wir eine kleine Wasserrinne, die uns nach ca. 200 Metern zum Karlsgraben bringt. Eine sonnige Brotzeitbank am Wasser lädt zur Stärkung ein, bevor wir von hier aus auf einem spannenden Pfad den Karlsgraben erkunden werden. Über einige Stufen hinauf führt uns der Pfad auf einen kleinen Höhenweg. Unbedingt lohnenswert ist ein Abstecher

hinunter zum Wasser, den wir schon nach einigen Metern sehen. Hier ist jedoch mit kleinen Kindern Vorsicht geboten, da das Ufer steil abfällt. Wir gehen weiter auf dem Höhenweg, da dieser uns zum Wasserscheiden-Brunnen führt, und ignorieren den zweiten Abstecher hinunter zum Karlsgraben, zu dem wir später noch

Herbstliche Stimmung
am Karlsgraben

kommen werden. Am Wasserscheiden-Brunnen können die Kinder pumpen und zusehen, wohin das Wasser fließt. Denn das Wasser der nördlichen Rinne fließt in die Nordsee, jenes der südlichen Rinne ins Schwarze Meer.

Nach diesen spannenden Versuchen führt uns eine kleine Holzbrücke weiter auf einem schmalen Weg bis zu einer Wiese am Karlsgraben mit kleinem Spielplatz. An dieser Stelle lohnt sich noch mal ein Abstecher hinunter zum Karlsgraben. Wunderschön eingewachsen, wirkt er dort wie ein Dschungelfluss. Nach der Spiel- und Erkundungspause bringt uns der Rundweg wieder zurück zum Ausgangspunkt.

Fossa Carolina und Karlsgrabenausstellung

Die Ausstellung in der Hüttinger-Scheune im Ortsteil Graben rekonstruiert und dokumentiert anschaulich den Karlsgrabenbau vor über 1200 Jahren (geöffnet Ende April bis Mitte Oktober, Mittwoch bis Sonntag von 14.00 bis 17.00 Uhr, Tel. 09142/86 17, Führungen über Touristinformation Treuchtlingen, Tel. 09142/96 00 60, www. treuchtlingen.de).

60 Paddeln auf der Altmühl

Die Welt aus der Entenperspektive entdecken

leicht	17 km	–	4–5 Std.

Alter
Ab 4 Jahren

Tourencharakter
Gemütliche Bootswanderung in reizvoller Landschaft

Ausgangspunkt
Bahn: Bhf. Pappenheim. Auto: Pappenheim oder Zimmern

Endpunkt
Dollnstein; Rückfahrt ab Bhf. Dollnstein möglich

Anfahrt
Bahn: Bis Bahnhof Pappenheim. Auto: A 9 bis Ausfahrt Ingolstadt Nord; weiter auf der B 13 über Eichstätt nach Pappenheim; Parkplatz am Bahnhof Pappenheim

GPS-Koordinaten
48.926052, 10.965642

Karte
Landesamt für Vermessung und Geoinformation 1:50 000, Naturpark Altmühltal

Einkehr
Gasthof Zum Hollerstein in Zimmern, Tel. 09143/753, www.hollerstein.de, Mittwoch Ruhetag, auch Bootsverleih

Information
Tourist-Info Naturpark Altmühltal, Tel. 08421/987 60, www.naturpark-altmuehltal.de

Eine Bootsfahrt auf der Altmühl sollten Sie sich nicht entgehen lassen. Vorbei an kantigen Felsen, stattlichen Burgen und beschaulichen Dörfern, können Sie eine faszinierende Pflanzen- und Tierwelt aus der Entenperspektive entdecken.

Das Bootswandern auf der langsam dahinfließenden Altmühl ist bereits für kleine Kinder gut geeignet und ein besonderer Freizeitspaß für die ganze Familie. Die Strecke zwischen Pappenheim und Dollnstein ist landschaft-

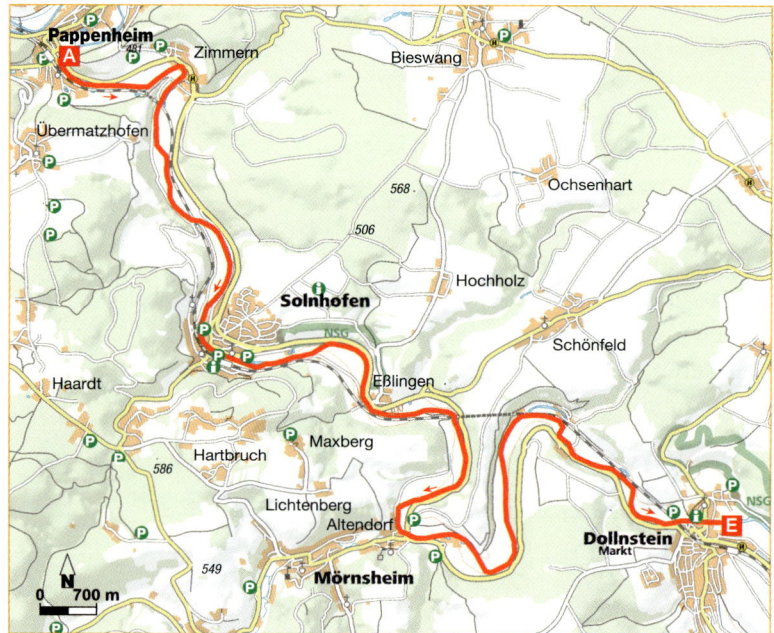

Oben: Paddeln ist ein Spaß für die ganze Familie.

Paddeltour auf der Altmühl

lich wegen der steil aufragenden und wilden Felsen wunderschön. Besonders attraktiv sind auf dieser Strecke die beiden Bootsrutschen an der Hammermühle und bei Hagenacker. Mutige Paddler sollten am besten mit Badesachen fahren, da es schon mal nass werden kann. Wenn Sie lieber das Spektakel von außen betrachten wollen, können Sie auch vorher aussteigen und das Boot um die Wasserrutsche tragen. Diese Bootsfahrt verspricht sowohl Abenteuer als auch Entspannung auf dem ruhigen Fluss. Wenn Sie Glück haben, sehen Sie in den frühen Abendstunden einen Biber schwimmen oder einen Eisvogel über das Wasser flitzen. Unser Einkehrtipp verspricht dann noch einen Sonnenuntergang im Strandkorb direkt an der Altmühl. Diesen und andere Bootsverleihe finden Sie vor Ort, die auch einen Rückholservice anbieten.

Tipp

Besonders reizvoll ist eine mehrtägige Paddeltour. Die Altmühl ist von Gunzenhausen bis zu ihrer Mündung in die Donau bei Kelheim auf 150 Kilometer Länge befahrbar.

Kinderwissen

Wie viele Zentimeter wachsen die Schneidezähne des Bibers in einem Jahr?

Der Biber hat einen sehr starken Zahnwuchs. Sein wichtigstes Werkzeug sind die Schneidezähne. Diese wachsen bis zu einem Meter, deshalb muss er auch ständig nagen, damit sie immer scharfkantig bleiben und die richtige Länge behalten.

Warum können wir nie am Waldboden einen Tannenzapfen finden?

Die Tannenzapfen stehen wie Kerzen aufrecht auf den Zweigen. Die Schuppen und Samen des Zapfens lösen sich jedoch einzeln ab und fallen herunter.

Wie viele Stacheln hat ein Igel?

Ausgewachsene Igel tragen ca. 8000 Stacheln. Übrigens kommen Igelbabys schon mit Stacheln auf die Welt. Diese sind allerdings bei der Geburt noch kurz und ganz weich.

Wie heißt der langsamste Fluss Bayerns?

Die Altmühl ist der zweitgrößte Fluss Bayerns, aber auch der langsamste, da sie ein sehr geringes Gefälle hat. Die Kelten, die zur Zeit der Antike an dem Fluss siedelten, gaben der Altmühl ihren Namen, der so viel bedeutet, wie »stiller, heiliger Fluss«.

Welches Vogelnest diente früher als Pantoffeln für Kinder?

Die Beutelmeise gehört zu den kunstfertigsten Nestbauern. Das Männchen baut an den äußeren Zweigenden einer Birke oder

Beutelmeisennest

Weide aus Pflanzenfasern und Samen-
wolle eine birnenförmige Grundkonstruk-
tion. Zusammen mit dem Weibchen voll-
enden sie das Kunstwerk zu einem
beutelförmigen Nest, dessen Eingang ein
röhrenartiger Fortsatz bildet.

Aus welchem Strauch wurde im Mittelalter Tinte hergestellt?

Im Mittelalter wurde aus der Rinde des
Schlehenstrauches Tinte gewonnen. Dazu
musste man die Rinde von den Zweigen
klopfen und in Wasser einlegen. Nach
drei Tagen wurde der Sud abgegossen,
aufgekocht und nochmals über die Rinde
gegossen. Dies wurde so lange wiederholt, bis die Rinde vollkommen ausgelaugt
war. Die Flüssigkeit wurde nun mit Wein
eingekocht und fertig war die Dornentinte.
Aber auch bei den Tieren ist die Schlehe
sehr beliebt.
20 verschiedene Wildbienen und über
70 Schmetterlingsarten finden Nektar bei
der Schlehe. Zudem verspeisen 20 Vogelarten allerdings erst nach dem ersten Frost
die reifen blauen Beeren.
Die Schlehe könnt ihr gerne vom Strauch
probieren – sie schmeckt aber erst nach
dem ersten Frost gut.

Wie heißt der Limonadenbaum?

Unsere Vorfahren waren überzeugt, dass
im Holunderbusch Schutzgeister wohnten.
Deshalb findet man auch heute noch fast
auf jedem Bauernhof einen Holunderbusch.
Doch er diente auch als Hausapotheke
und aus seinen Blüten, Beeren, Blättern
und Wurzeln wurden Heilmittel hergestellt.
Die Herstellung einer Holunderblütenlimo-
nade geht ganz einfach. Ihr pflückt
ca. 20 Blütendolden, übergießt diese mit
850 Milliliter Wasser und gebt Zitronen-
scheiben oder etwas Zitronensäure dazu.

Farbenzauberei

Findet ihr am Waldrand einen großen
Ameisenhaufen, dann sucht nach einer
Glockenblume. Da diese inzwischen sehr
selten geworden ist, pflückt bitte nur eine
davon ab. Nun haltet ihr die Glocken-
blume in den Ameisenhaufen. Sobald eine
Ameise diese bemerkt, wird sie die blaue
Glockenblume mit Ameisensäure besprü-
hen. Nun könnt ihr beobachten, wie sich
die Glockenblume an der besprühten
Stelle rosa verfärbt. Das könnt ihr auch zu
Hause mit Blüten von Borretsch, Korn-
blume oder Vergissmeinnicht machen. In
Essigwasser gelegt werden sie rosa.

Abspann

Wir haben es sehr genossen mit unseren beiden Kindern Lea und Saskia die Touren für dieses Buch erkunden zu dürfen. Ein herzlicher Dank gilt unseren Freunden mit ihren Kindern, die sich mit uns auf das Abenteuer dieses Buches eingelassen haben.

Bei den Recherchen für die Wanderungen begegneten wir der offenen Art der in Franken noch in sich ruhenden Menschen. Dabei erfuhren wir immer wieder großes Interesse an unserer Arbeit.

Wir hatten sehr viel Spaß beim Entdecken der Wege und wünschen uns, dass diese Begeisterung auf Sie, liebe Leser überspringt, und Sie die wildromantische Natur Frankens mit Ihren Kindern erleben werden.

Es grüßen Sie herzlich

Margit Kleemann

Michael Kleemann

Register

189

Ebenfalls erhältlich ...

Impressum

Verantwortlich: Miriam Gieler
Lektorat: Gotlind Blechschmidt
Layout und Piktogramme: Eva-Maria Klaffenböck
Repro: Cromika, Verona
Kartografie: Bruckmann Verlag GmbH, Heidi Schmalfuß
Herstellung: Alexander Knoll
Printed in Slovenia by Florjancic

Sind Sie mit diesem Titel zufrieden? Dann würden wir uns über Ihre Weiterempfehlung freuen. Erzählen Sie es im Freundeskreis, berichten Sie Ihrem Buchhändler, oder bewerten Sie bei Onlinekauf. Und wenn Sie Kritik, Korrekturen, Aktualisierungen haben, freuen wir uns über Ihre Nachricht an den J. Berg Verlag, Postfach 40 02 09, D-80702 München oder per E-Mail an lektorat@verlagshaus.de.

Unser komplettes Programm finden Sie unter 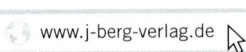 www.j-berg-verlag.de

Alle Angaben dieses Werkes wurden von den Autoren sorgfältig recherchiert und auf den neuesten Stand gebracht sowie vom Verlag geprüft. Für die Richtigkeit der Angaben kann jedoch keine Haftung übernommen werden, weshalb die Nutzung auf eigene Gefahr erfolgt. Insbesondere bei GPS-Daten können Abweichungen nicht ausgeschlossen werden. Sollte dieses Werk Links auf Webseiten Dritter enthalten, so machen wir uns die Inhalte nicht zu eigen und übernehmen für die Inhalte keine Haftung.

Autorenempfehlung
Sie sind auf der Suche nach weiterführender Literatur? Dann empfehlen wir Ihnen den Titel »Das Wanderbuch Franken«. Oder Sie werfen einen Blick in die Zeitschrift »Der Bergsteiger«. Hier werden Sie bestimmt fündig. Ihre Margit und Michael Kleemann und Tassilo Wengel

Bildnachweis: Alle Bilder im Innenteil und auf der Umschlagrückseite stammen von den Autoren.
Umschlagvorderseite: Naturerlebnis Kappelbuck (Margit und Michael Kleemann)
Umschlagrückseite: Rikschafahren am Altmühlsee (Margit und Michael Kleemann)
Tourennachweis: Margit und Michael Kleemann: 1–8, 18–22, 28–31, 36–41, 51–54, 56–60 sowie die Kinderseiten mit Spiel- und Bastelideen sowie Kinderwissen; Tassilo Wengel: 9–17, 23–27, 32–35, 42–50, 55.

Die Deutsche Nationalbibliothek verzeichnet diese Publikation in der Deutschen Nationalbibliografie; detaillierte bibliografische Daten sind im Internet über http://dnb.d-nb.de abrufbar.

Aktualisierte Nachauflage
© 2021, 2019, 2016 J. Berg Verlag in der Bruckmann Verlag GmbH, Infanteriestr. 11a, 80797 München

ISBN 978-3-86246-531-6